図解

部下を持ったら必ず読む

「任せ方」の教科書

ライフネット生命保険　代表取締役会長 兼 CEO

出口治明

KADOKAWA

はじめに

多様な人材に任せることでしか、会社は成長しない

どうしてCEOの私は、社員にアホ呼ばわりされているのか？

私はいまも、それから前職の日本生命時代も、部下から、

「出口さんは、アホですね」

としばしば呆《あき》れられています（笑）。

私は、ライフネット生命の代表取締役会長兼CEOです。言ってみれば、〝組織のトップ〟です。

ですが私の部下は、トップに気を遣いません。20代、30代の若手社員が、60代のCEOに向かって、

「出口さんは、間違っています」

「出口さん、さっきの言い方は何ですか？」

……と、遠慮なく言ってきます。なぜ私は、部下に「アホと言わせておく」のでしょう？

ビジネスを成長させるには、他人の力を借りる

× すべてを一人でやろうとする

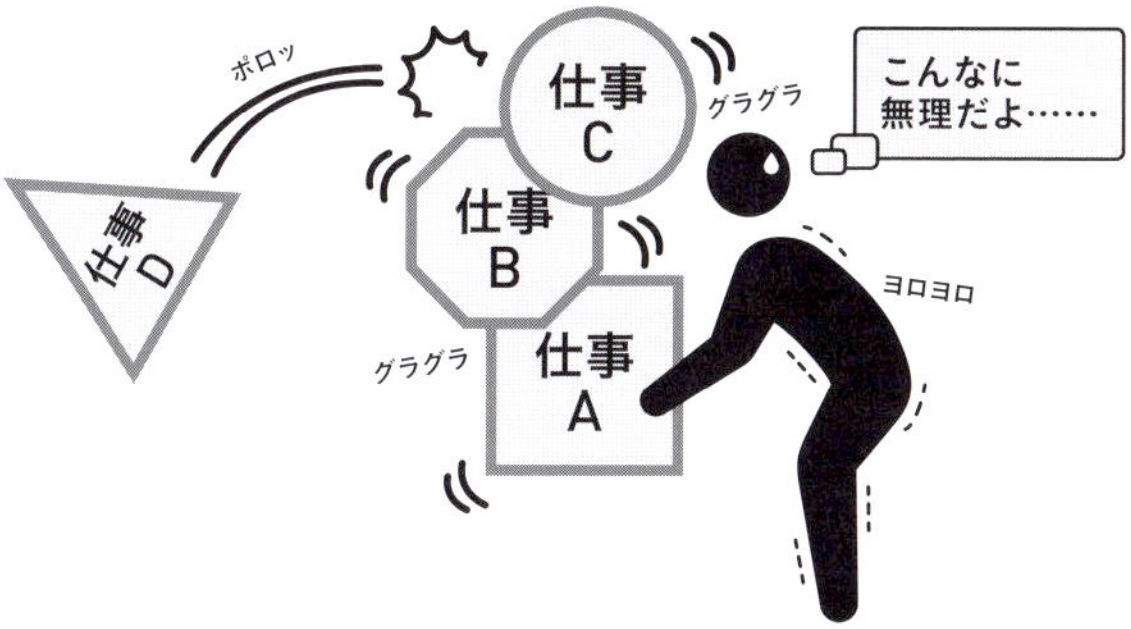

一人でたくさんの仕事をすることはできない

◎ 部下を信頼して、仕事を任せる

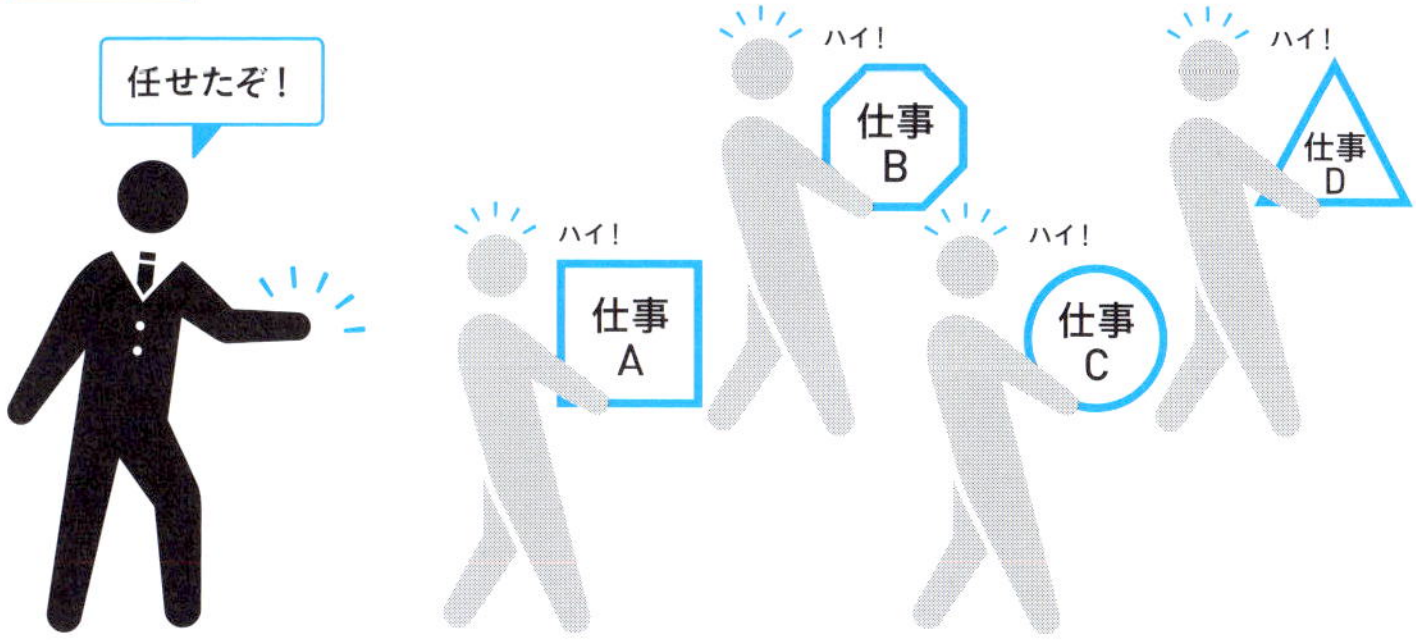

多様な人材に任せたほうが、会社は成長する

ライフネット生命に関するウェブ・コミュニケーションやPR、宣伝戦略などについて、私は一切口を挟みません。

「お笑い芸人スギちゃんの『ワイルドだろぉ?』の真似をしてください」と言われ、その通りにしたこともあります。

なぜ、私は「部下の言う通りにする」のでしょう?

その理由は、

「性別も年齢も国籍も、垣根を取り払うことが大事」

「多様な人材に任せることでしか、会社は成長しない」

と確信しているからです。

高い地位についた人間が、部下の意見を受け入れない「裸の王様」になれば、組織のなかは同質化します。そして同質化した組織は、やがて時代の変化から取り残されてしまうでしょう。

また、卑下《ひげ》するわけではなく、事実として「出口治明は、〝ちょぼちょぼ〟(関西弁で〝みんないっしょ〟の意)の人間である」と自覚しているからです。

賢い人も、アホな人もいない。人はみな、〝ちょぼちょぼ〟である

私は「人間ちょぼちょぼ主義者」です。

要するに、「人間の能力は、それほど高くはない」「人間には、とくに賢い人も、とくにアホな人もいない。ちょぼちょぼである」と考えています。

人は神様になれない以上、多少の優劣や凹凸はあっても、大差はありません。社長も、部長

も、一般社員も、同じように〝ちょぼちょぼ〟。優秀な人でも、10勝0敗はありえません。「ちょぼちょぼの自分」にできることは限られています。

何事かを成し遂げようと思っても、一人では何もできない。ビジネスを成長させるためには、他人の力を借りなければならない。人の能力も、時間も有限で、すべてを持ち合わせている人はいません。

だからこそ、任せる。だからこそ、補い合えるチームづくりが必要です。

私は、講演先などで、たびたび、次のような質問をいただきます。

「出口さんは、典型的な大企業に在籍していたのに……、金融という堅い職業に就《つ》いていたのに……、60歳を超えているのに……、ずいぶん柔軟ですよね。どうしてですか？」

なぜなら**「どんな部下も信頼して、仕事を任せる」**ことこそ、リーダー（上司、マネージャー）の要諦《ようてい》だからです。私はそのことを、「人・本・旅」から学びました（後述）。

「マネジメント」とは、突き詰めると「人を使うこと」です。いま、どの方向に風が吹いているか、社会がどの方向に変化しているかを見極め、変化に適した人材に「任せる」ことが、マネジメントの本質です。

では、どうやって人を使えばいいのでしょう？どうやって人に任せればいいのでしょう？

その答えの一つが本書です。

「人をどのように使い」「どのように任せて」「どのように組み合わせて」いけば、強いチームができ上がるのか――この重要な問題を考えるヒントとして読んでいただけると幸いです。

ライフネット生命保険
代表取締役会長兼CEO　出口治明

図解 部下を持ったら必ず読む「任せ方」の教科書

目次

はじめに 「多様な人材に任せることでしか、会社は成長しない」……2

第1章 上司になったら「任せるしくみ」をつくりなさい

1 いい上司への一歩――マネジメント能力の限度を知る……12
2 「みんなで話し合って決める」はなぜ悪いのか？……16
3 権限をハッキリさせるだけで仕事のスピードが上がる……20
4 「課長の決定に、部長は口を出してはいけない」……24

CONTENTS

5 あえて「異質な社員」に仕事を任せる切実な理由 …… 28

6 サッカーがプロレス化した時代では、これまでのルールは通用しない …… 32

第1章［まとめ］ …… 36

第2章

デキるリーダーは常に「いい任せ方」をしている

7 権限の範囲がハッキリしない振り方を「丸投げ」という …… 38

8 指示は徹底して「具体的、かつ的確」に出す …… 42

9 上司が部下に指示を出すとき、明確にすべき4条件 …… 46

10 仕事を任せるときは、「責任」も一緒に負わせてみよ！ …… 50

11 部下のミスには「問答無用で責任を取る」 …… 54
第2章 まとめ …… 58

第3章

「プレーイング・マネージャー」になってはいけない

12 部下の仕事は「60点であれば合格」 …… 60
13 「仕事を抱えてしまう上司」の残念な共通点 …… 64
14 「必死に働く姿」を部下に見せているか? …… 68
15 「攻め」が得意な部下には、「攻め」の仕事だけを任せる …… 72
16 部下の短所は「ほうっておく」 …… 76

CONTENTS

17 会社に「サボる社員」が必要な事情 …… 80

18 「適材適所」は、口で言うほどやさしくない …… 84

19 「アホな上司」ほど精神論を振りかざす …… 88

20 残業時間が自然と減る――「部下の生産性が上がる」評価基準とは？ …… 92

21 統率力とは「丁寧なコミュニケーション」のこと …… 96

第3章［まとめ］ …… 100

第4章 この上司力で「チームの実力」を一気に上げる

22 「新しいアイデア」は「他人の頭の中」にあった！ …… 102

CONTENTS

23 任せられるから、「できるようになる」 …… 106

24 「好き嫌い」「怒り」――感情を出しすぎてはいけない …… 110

25 人材のリクルートは、「現場のチーム」に任せる …… 114

26 餅は餅屋。専門家に任せたほうがいい場合 …… 118

27 自分の「コア・コンピタンス」は残し、それ以外はアウトソーシングする …… 122

第4章 【まとめ】 …… 126

おわりに 【性別、年齢、国籍を超えて、さまざまな人たちの意見に耳を傾けていこう】 …… 127

編集協力　藤吉豊（クロロス）
本文DTP　斎藤充（クロロス）
装丁　ISSHIKI

第1章

上司になったら「任せるしくみ」をつくりなさい

①いい上司への一歩——マネジメント能力の限度を知る

細かく指導できるのは「部下2～3人」まで

「部下の仕事を、一つひとつ丁寧に確認しよう」とすると、いい上司にはなれません。

その理由の一つを端的に言えば、

「人間の能力は、それほど高くはない」

からです。ここでいう「人間」とは、部下のことではありません。上司の側のことです。

どれほど優秀な上司でも細かく管理できる部下の人数は、「2～3人」が限度です。

部下の箸《はし》の上げ下ろしにまで口を出そうと思ったら、管理できるのは2～3人がせいぜいなのです。

たとえば、多くの部下を持つ上司が、

「人間の能力は、それほど高くはない」

「上司の管理能力は、せいぜい部下2～3人分である」

ということがわかっていないとチームは機能しません。「いや、私は5人以上の部下の箸の上げ下ろしにまで口を出せている」という方もいるかもしれませんが、そのような組織は歪《ゆが》んだ組織になってしまう可能性が高い。

部下の仕事を細かく確認する必要はない

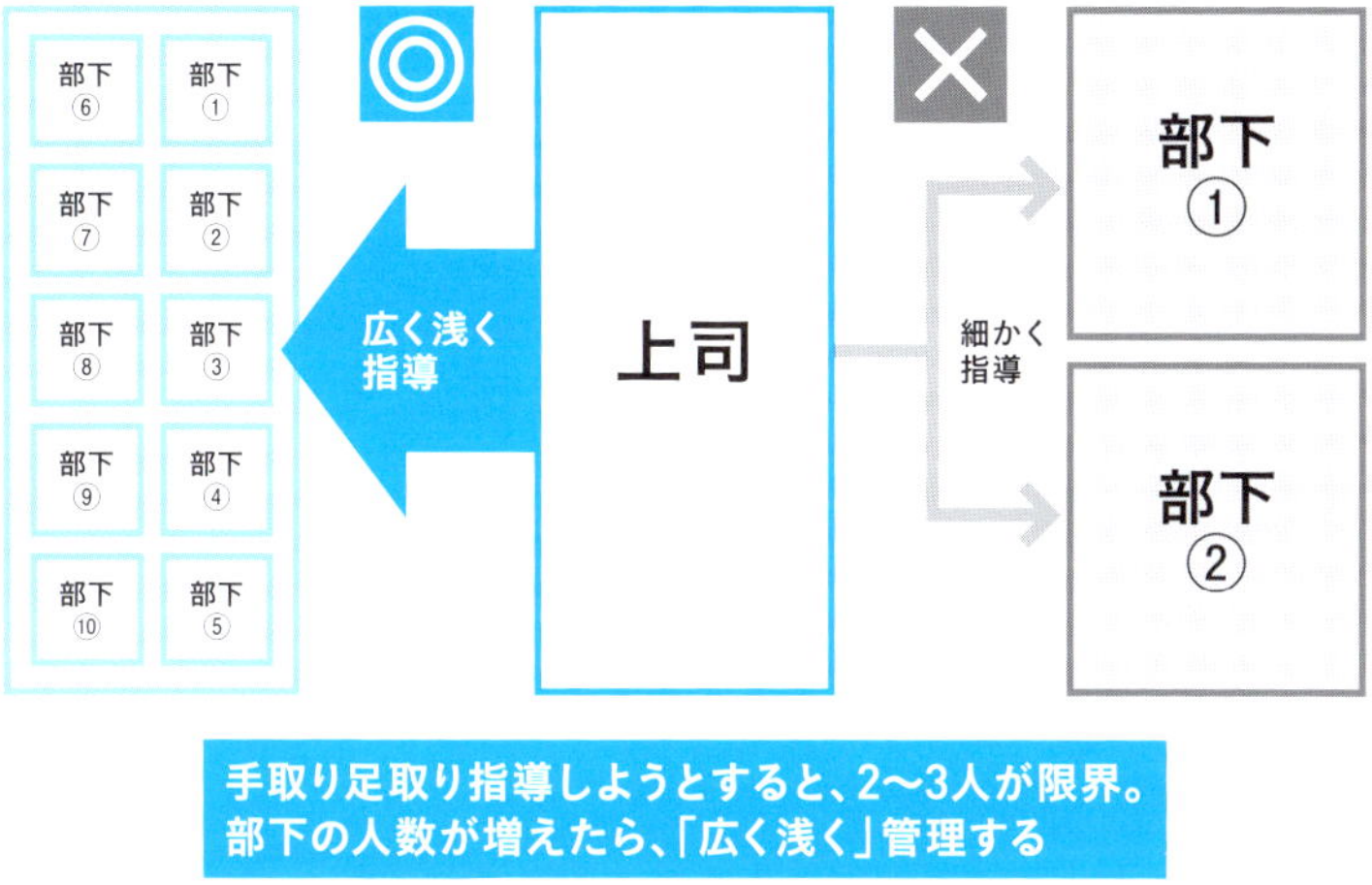
部下⑥
部下①
部下⑦
部下②
部下⑧
部下③
部下⑨
部下④
部下⑩
部下⑤
◎
広く浅く指導
上司
×
細かく指導
部下①
部下②
手取り足取り指導しようとすると、2〜3人が限界。
部下の人数が増えたら、「広く浅く」管理する

上司が細かく管理できる部下の人数は、多くても2〜3人なので、それ以上の部下には目が届きません。すると、「目が届かない部下」に対しては、彼らから上がってくる報告をベースに仕事の判断をすることになります。

ですが、「部下から上がってくる報告」にばかり頼っていると、正しい判断ができません。部下は「上司が気に入るような報告（ゴマすりやお世辞）」しかしなくなるからです。

私が日本生命にいた時代に、はじめて持った部下は、1人だけ、でした。

「手取り足取り教えなきゃいけないな」と思い、丁寧に指導をしたのですが、部下の数が増えていくうちに、「1人ずつ、きちんと指導するには時間が足りない。これは何とかせなアカンな」と考えるようになり、私は、「部下を細かく指導するのはやめよう」と決めました。

大げさに言えば、「人間の能力の限界」が見えたからです。そこで私は、「広く浅く、10人を均等に見る」ように接し方を変えたのです。

「この10人」を見れば、1万人を統率できる

「仕事のプロセスには細かく首を突っ込まない」ようにすれば、「10～15人の部下」を管理することも可能になると思います。

モンゴル帝国の第5代皇帝にクビライという人物がいます。彼が率いるモンゴル軍が「最強の軍事組織」になり得たのは、各隊の隊長に兵士の統率を任せていたからでしょう。

15ページの図をご覧ください。

モンゴル軍の組織図を簡単に描いたものです。

1万人隊長は、「10人の1000人隊長」を部下に持ち、部隊の指揮を任せます。1000人隊長は、「10人の100人隊長」を部下に持ち、部隊を任せる。100人隊長は、「10人の10人隊長」を部下に持ち、部隊を任せる。そして、10人隊長は、「10人の兵士」を部下に持つ……。

つまり、どの隊長も、管理している部下の数は「10人」です。

このように、10人を一つの単位として考えたうえで、「各隊の隊長に権限を与えた」からこそ、1万人の兵士を楽々と統率できたのです。

デキるリーダーになれる

任せ方のPOINT

1. 上司の管理能力は、せいぜい、部下2～3人分
2. 細かく首を突っ込まなければ、10～15人の部下を管理できる
3. モンゴル軍は、10人を一つの単位と考えて組織作りをした

モンゴル軍の「1万人隊長」――いかに任せるか

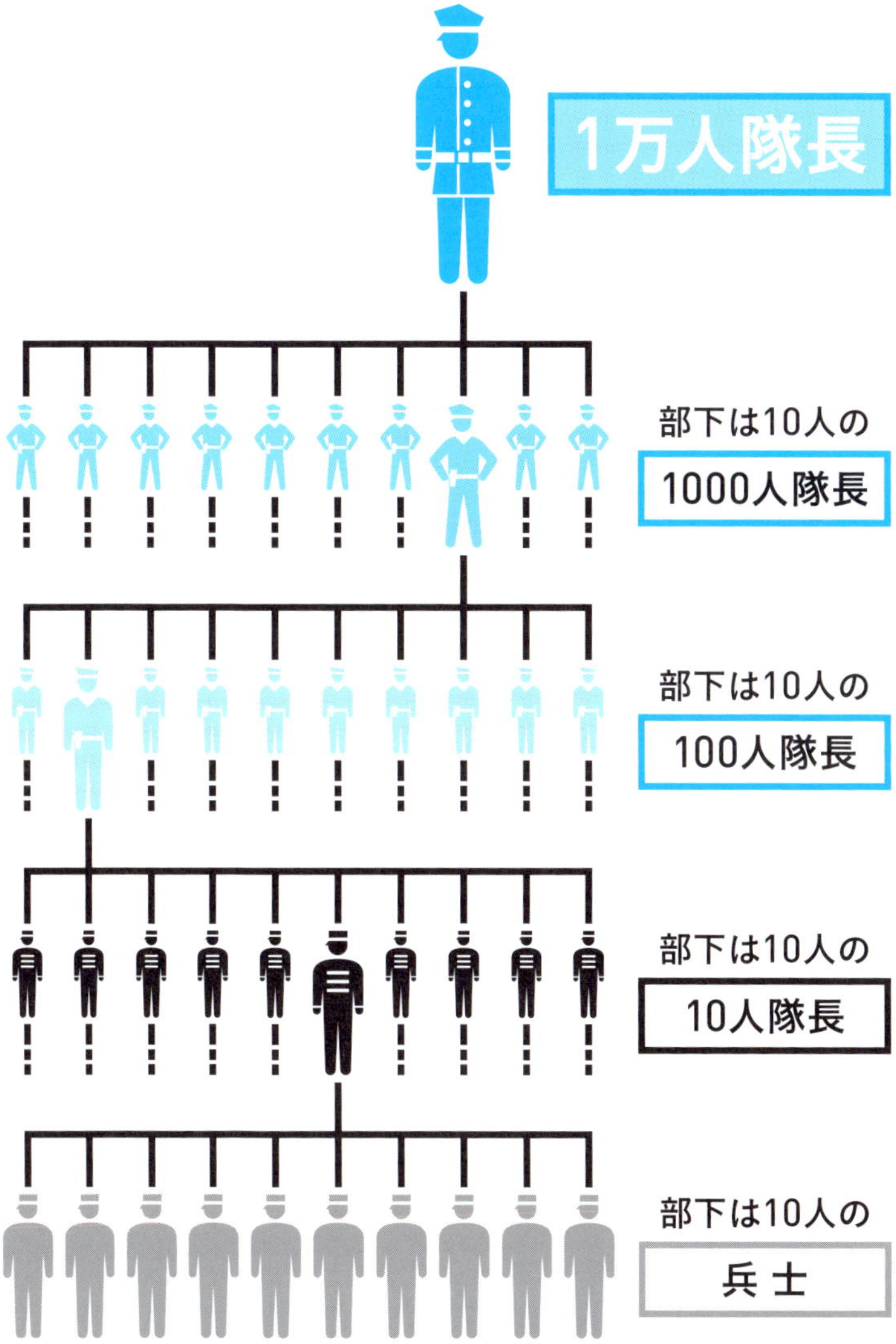

②「みんなで話し合って決める」はなぜ悪いのか？

任せるメリット①
「経営と業務執行の分離が実現する」

「任せるしくみ」をつくると、どうして会社が強くなるのか。

その理由は、おもに3つあります。

①経営と業務執行の分離が実現する（16ページ）
②ダイバーシティへの認識が高まる（28ページ）
③グローバル経済の変化に対応できる（32ページ）

少しむずかしいので一つひとつ解説をしていきます。まず「①経営と業務執行の分離が実現する」についてです。

「現場で優秀だった人が、経営に携わる」のが、これまでの日本型経営の特徴です。ですが、「会社経営」と「現場の業務」では、まったく別の能力が必要です。

強い会社をつくるためには、経営と業務執行を分離する。「経営は経営人材」に、「業務執行は社員」に任せるしくみが必要です。

私自身が創業したライフネット生命は、2013年から会長兼CEO（最高経営責任者）と社長兼COO（最高執行責任者）を新設し、「2トップ体制」に移行しました。これも、役割と

「業務執行」と「意思決定」の責任を分ける

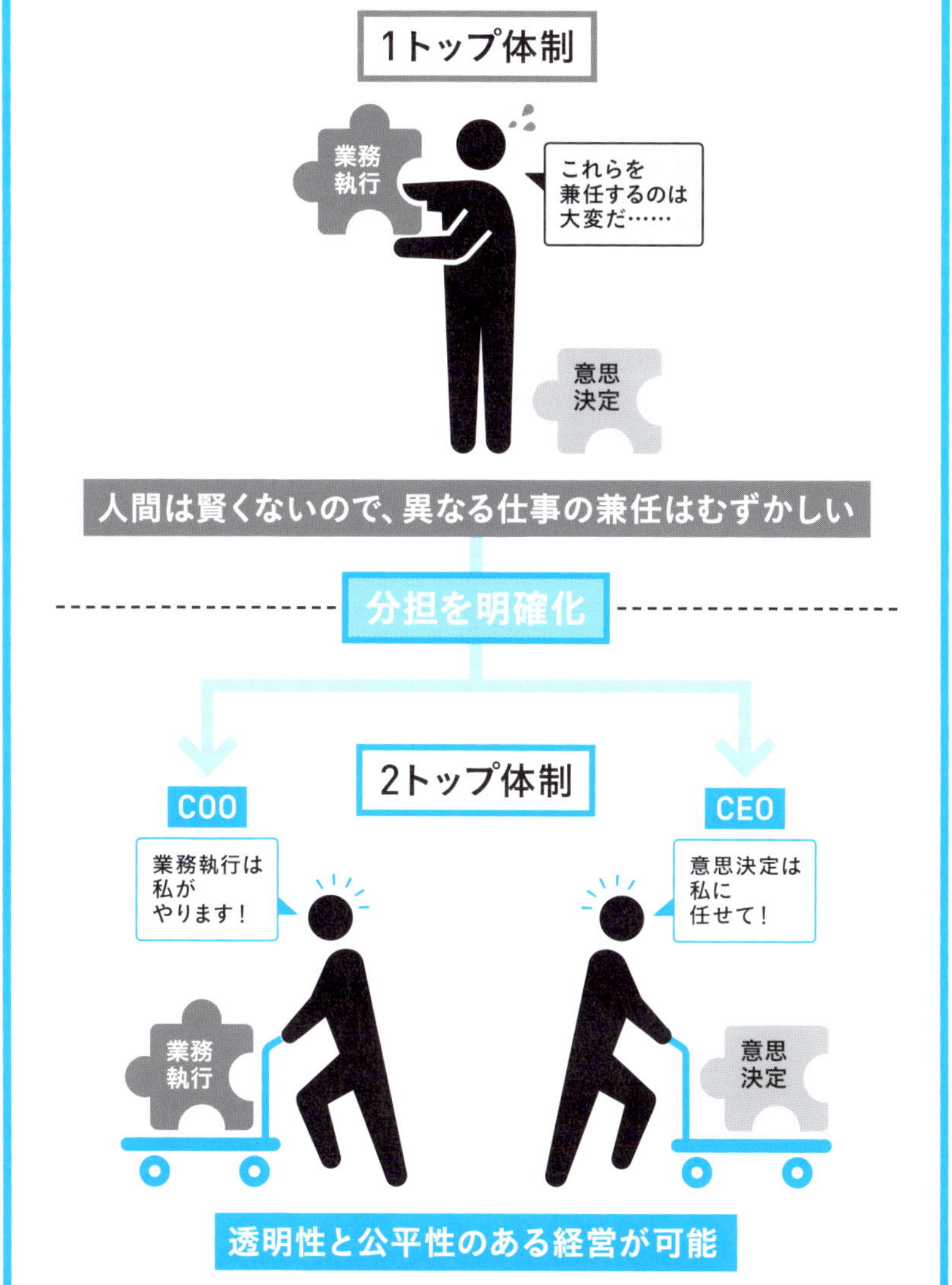
1トップ体制
業務執行
これらを兼任するのは大変だ……
意思決定
人間は賢くないので、異なる仕事の兼任はむずかしい
分担を明確化
2トップ体制
COO
業務執行は私がやります！
業務執行
CEO
意思決定は私に任せて！
意思決定
透明性と公平性のある経営が可能

権限を明確化し、「意思決定」と「業務執行」を分離するためです。

- **CEO…会社の「意思決定」に責任を持つ**
- **COO…会社の「業務執行」に責任を持つ**

株主総会や取締役会で、会社の経営方針を「決める」のは、CEO（私）の責任。

一方で、「決めたことを実際に執行する」のは、COO（岩瀬大輔）の責任です。

たとえば、企業買収に失敗したら、CEOの責任になります。「あの会社を買収しよう」と方針を決めたのは、CEOだからです。

業務上でミスがあったときは、COOの責任になります。オペレーションに対して、管理が行き届かなかったからです。

このように、**「意思決定」と「業務執行」の責任を分ける（業務執行はCOOに任せる）ことで、透明で一貫性のある経営ができる**ようになると考えています。

「決定権者が一人で決める」メリット

日本人は、「みんなで話し合い、みんなで決める」こと（稟《りん》議《ぎ》制）を好みます。ですが、稟議制だと、意思決定のスピードが損なわれます。また、稟議書にハンコの数が増えるほど、「誰の責任で決めたのか」があいまいになってしまうでしょう。

【稟議制のデメリット】

- 意思決定に時間がかかりすぎる
- 責任の所在があいまいになる

したがって、**「決定権を持つ者が、一人で決め**

る」べきです。

ライフネット生命の取締役会（常勤の取締役5名と社外取締役4名の、計9名で構成）は、多数決によって決議しますが、仮に議長（私）を除く8名の意見が「4対4」で分かれたときは、CEOの私が責任を持って決めることになります。

つまり、最終的には、私一人に意思決定の権限が託されているわけです。

会社経営と現場業務では、別の能力が必要。「名選手、名監督にあらず」は、ビジネスの世界でも、言い得て妙である。

覚えておきたい 出口治明からのひと言！

稟議制のデメリット

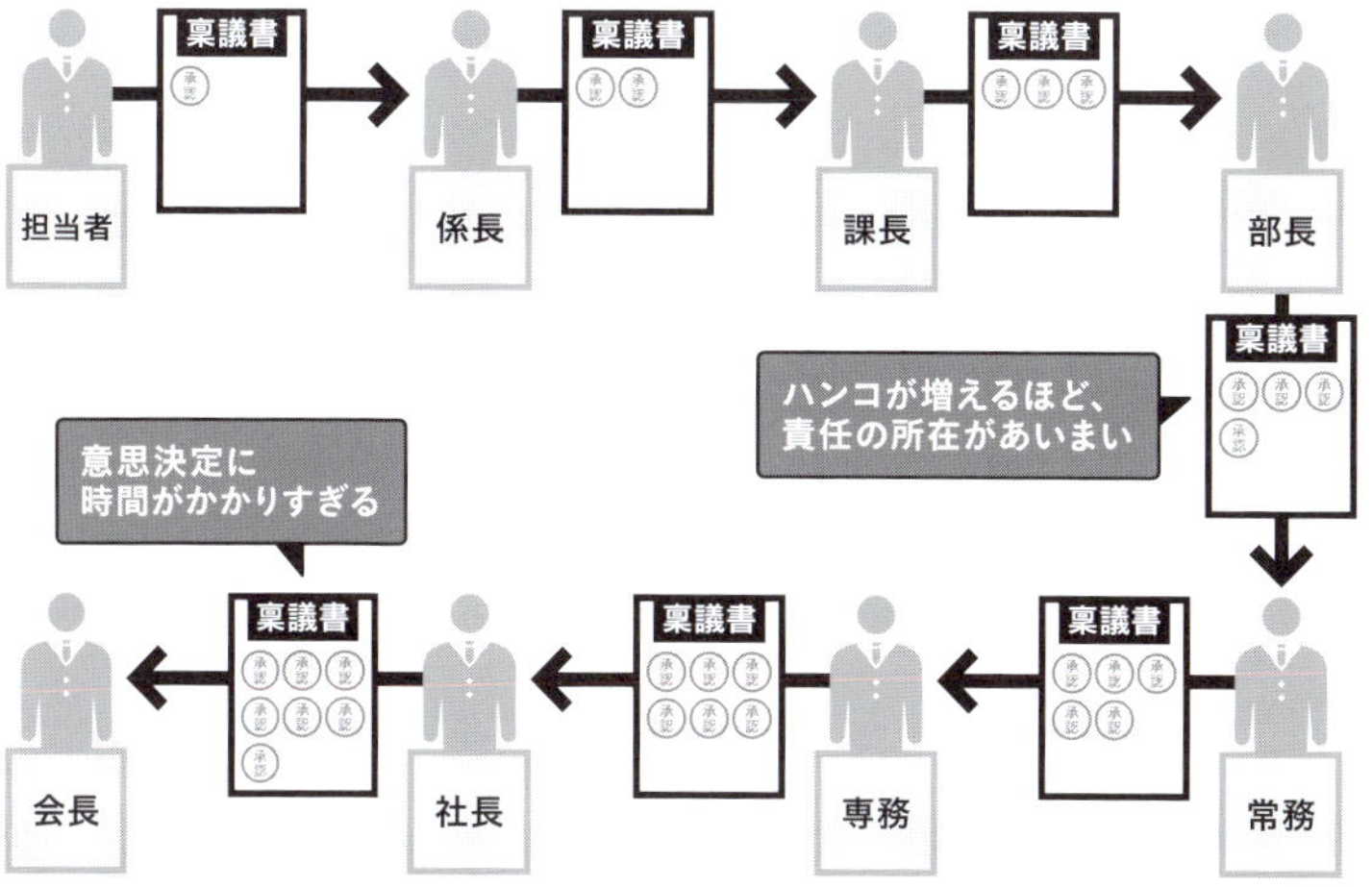

3 権限をハッキリさせるだけで仕事のスピードが上がる

「誰が」「何を」「どこまで」決定するのか

取締役会での決定を「執行する役割」はCOOにありますが、すべての業務をCOOが一人で担うのは、現実的ではありません。**職責が下位の社員に権限の一部を委譲**し、業務を分担するしくみが必要です。

権限の委譲は「金額」で考えるとわかりやすいと思います。仮にですが、

- 3000万円以上の支出をともなう事案は、取締役会で決める
- 1000万円以上3000万円未満なら、COOが決める
- 500万円以上1000万円未満なら、担当役員が決める
- 100万円以上500万円未満なら、部長が決める
- 100万円未満なら、課長が決める

このように、役職に応じた限度額を決めておけば、意思決定権者が明確になるでしょう。

「どこまで任せるのか」権限の範囲を決めておく

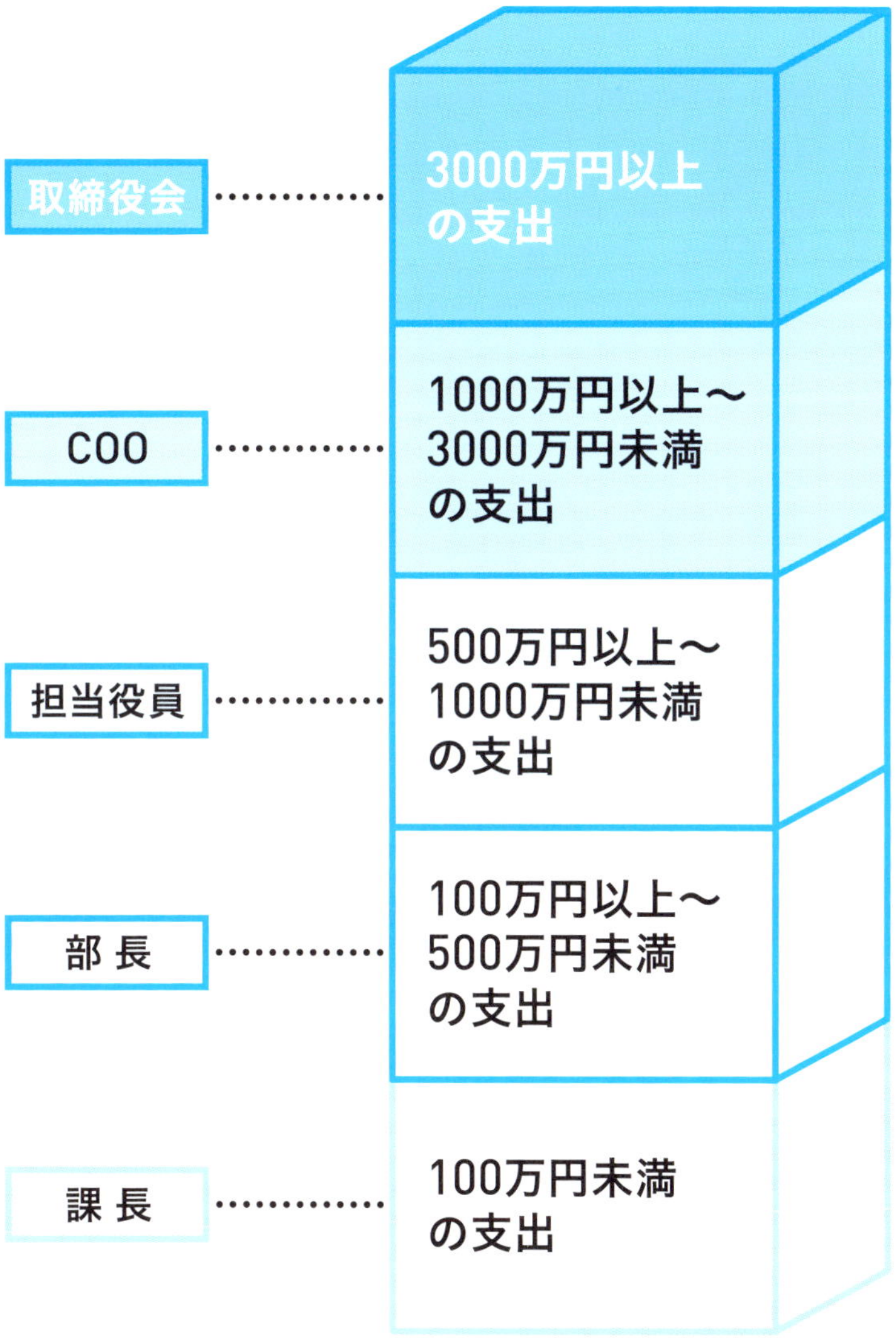

このとき、決められた範囲内（権限内）であれば、職責上位者の承認は必要ありません。「自分一人の権限」で決定できるようにすべきです。

企業は、責任の所在を明らかにするためにも、また、意思決定のスピードを早くするためにも、「権限の範囲」を役職ごとに周知すべきです。

「誰が、何を、どこまで（いくらまで）決定できるのか」

「自分が負うべき責任は、どこまでなのか」

といった「物事を決めるときのルール」をハッキリさせておかないと、仕事を任せる側も、任される側も業務に注力できません。

「協議」と「同意」はまったく違う

事案の内容によっては、「決定権者が一人で決めると、都合が悪いこと」もあるでしょう。「協議」をして、「まわりの意見を参考にしたうえで、決定をしたほうがいい」場合があります。

それでも気をつけなければならないのは、「協議」とは、「みんなで話し合いをする」だけであって、「みんなで決める」ことではないということです。

まわりの意見は、あくまでも「参考」です。「話し合いはするけれど、決定は一人で行う」のが協議のルールです。

たとえばライフネット生命の執行役員会は、業務執行について「協議」する場です。誰がどのような発言をしても、役員の多くが異を唱えても、「一応、協議はしたのだから（話し合ったのだから）、あとはCOOが決めればいい」わけです。他の役員が反対したからといって、COOの決定が覆されるわけではありません。

とはいえ、事案の重要性や金額の大きさによ

「みんなで話し合い、一人で決める」のが協議のルール

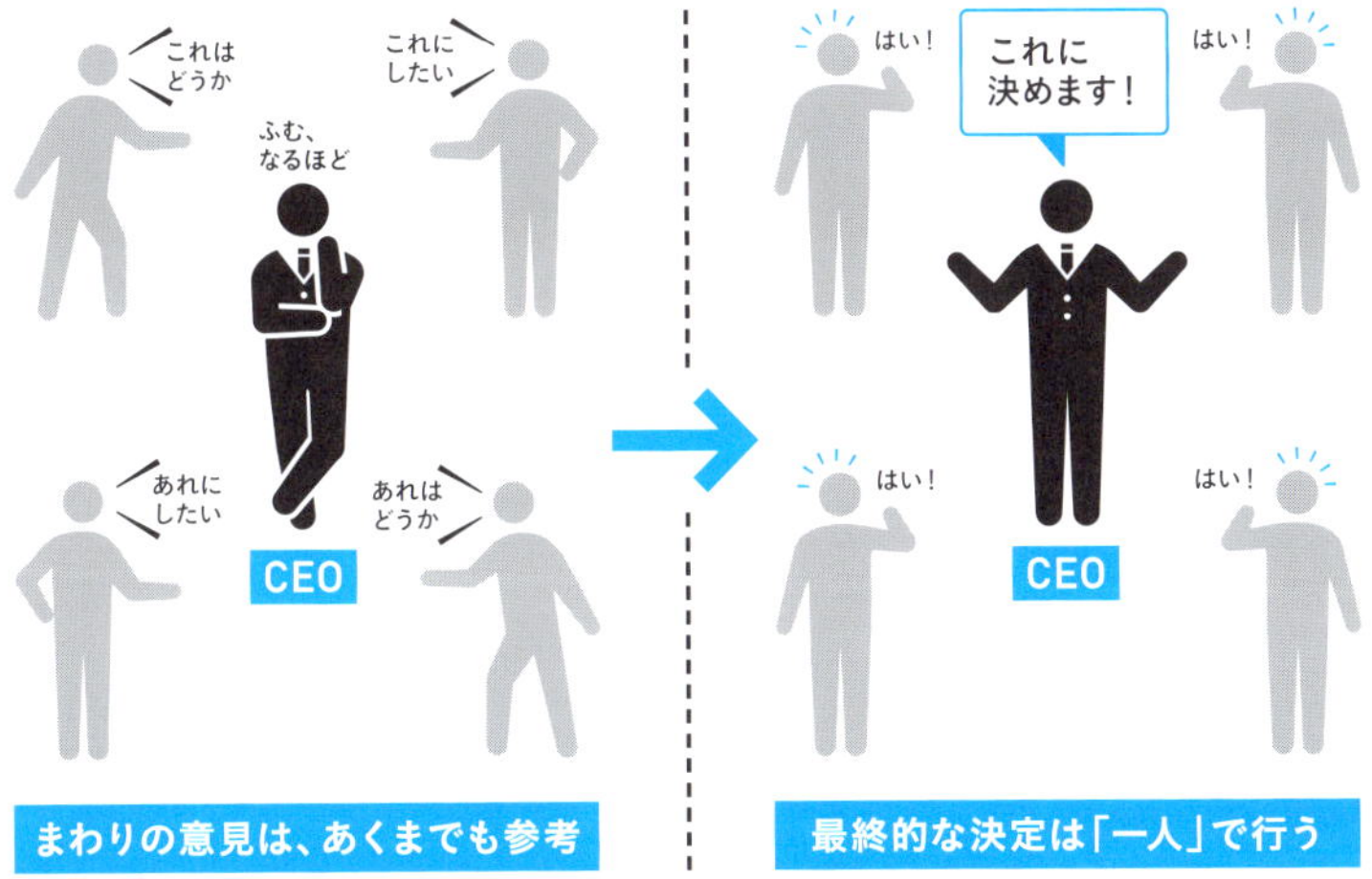

ってては、決定権者以外の者に「同意権」を与えておく方法があります。

同意権とは「拒否権」であり、公明正大な決定を下すために必要な権利です。

たとえば「多部門にわたる事業の予算に関しては、経理部長の同意が必要」というルールをつくっておく。すると、決定権を持つ長でも、「経理部長の同意を得られなければ、仕事を進めることはできない」ことになります。

デキるリーダーになれる

任せ方のPOINT

1　職責が下位の社員に権限の一部を委譲し、業務を分担する

2　仕事を任せるときは、「権限の範囲」を社員に周知する

3　協議と同意は違う。「話し合いはするが、決定は一人で行う」のが、協議のルール

4 「課長の決定に、部長は口を出してはいけない」

あなたには
この「権限の感覚」がありますか？

権限を与え、仕事を任せたあとの大事なルールがあります。

それは、ひとたび権限を委譲したら、**その権限は「部下の固有のもの」であり、上司といえども口を挟むことはできない**というものです。

「100万円以上500万円未満なら、部長が決める」

「100万円未満なら、課長が決める」というルールを設けたとします。

この場合、「100万円未満の決定権」は課長の固有のものです。職責上位の部長でも、課長の権限を脅《おびや》かすことはできません。

課長が「50万円でA社製のコピー機を購入することに決めた」とき、部長は「オレはA社が嫌いだから、B社製を購入しろ」と課長に命じることはできません。課長の権限を取り上げて部長のものにすることはできないのです（ただし、「コピー機を買うときは、部長の同意が必要」というルールがあるのなら、部長は拒否で

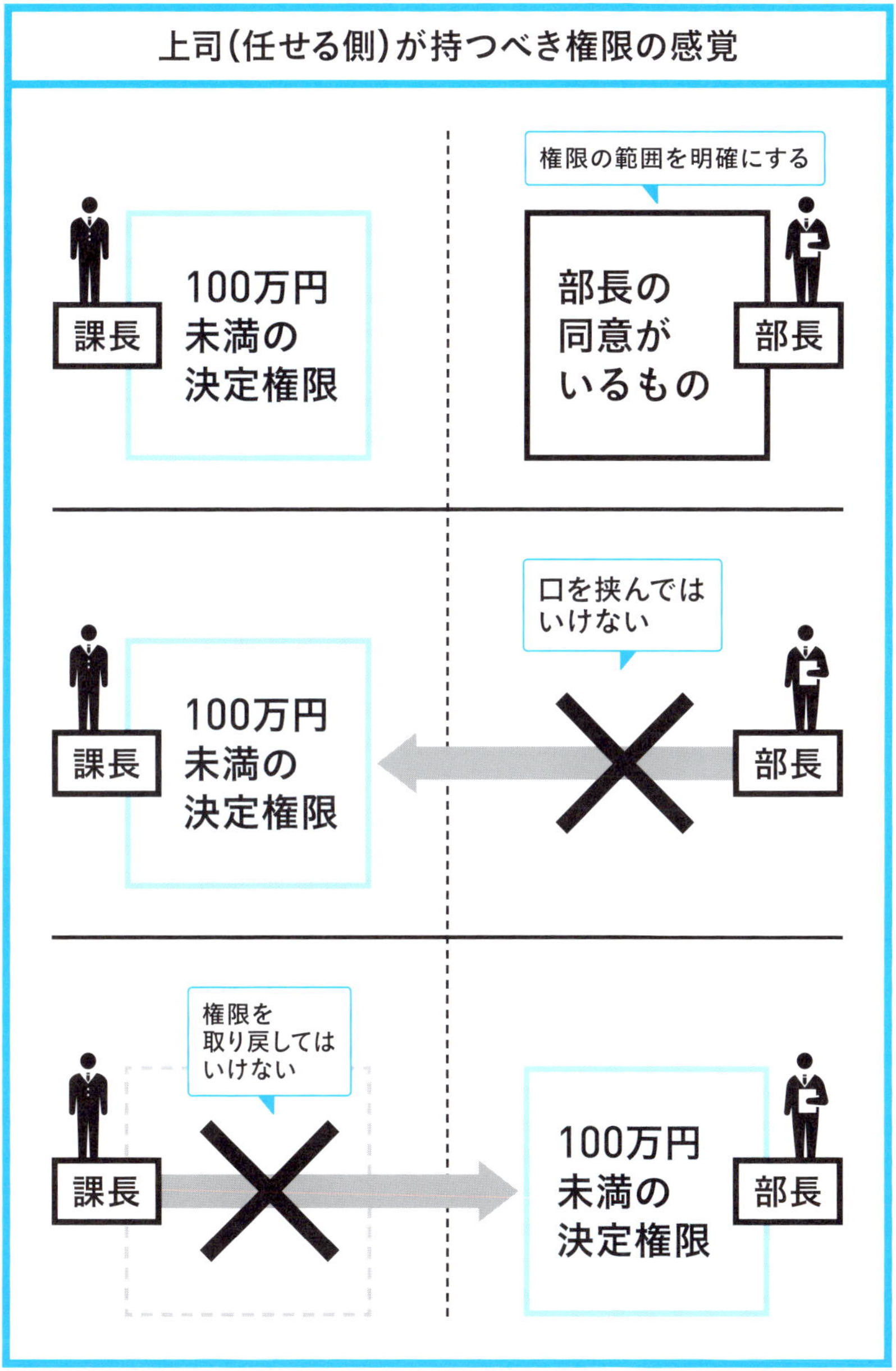
上司（任せる側）が持つべき権限の感覚
課長
100万円
未満の
決定権限
権限の範囲を明確にする
部長の
同意が
いるもの
部長
課長
100万円
未満の
決定権限
口を挟んでは
いけない
部長
権限を
取り戻しては
いけない
課長
100万円
未満の
決定権限
部長

きます）。

課長が不在のときに、部長が「決定を代行する」ことはできます。

でも、課長がいるときは、課長のみが決定権者になるのです。

「部長といえども、課長が決めた決定（課長に与えられた100万円未満の決定）に口を挟むことはできない。課長の一存で決めていい」

というルールをつくっておかないと、課長は安心して仕事を進めることができません。

すべての事案において、「課長が部長に相談を持ちかける」ことになれば、課長の時間も、部長の時間も奪われてしまいます。

あるいは、「部長に叱られたくない」との思いが先走ってしまい、課長がゴマすり社員になりかねません。「部長が気に入りそうな相談」しかしなくなるからです。

部下に権限を与えた以上、「部下の決定」に口出しをしない

課長が係長に仕事を任せるときも、係長が一般社員に仕事を任せるときも、同様の考え方が適用されます。「ここから、ここまでは、自分で決めていい」と権限を与えたのであれば、たとえ社長であっても、その権限を奪うことはできません。

そのため、仕事を任せるときは、はじめに「権限の範囲」を明確に伝えるのです。

「ここから、ここまでの権限を与える。権限の範囲内であれば、自分で決めていい。ただしそれ以外は、職責上位者の同意が必要である」

といったルールを開示しておくのです。そして、部下に権限を与えた職責上位者は「部下の決定」に口出しをしてはいけません。

「権限は、一度与えたら、あとから取り戻すことはできない」
「職責上位者だからといって、オールマイティではない」
「上司は、部下の権限を代行できない（不在時は除く）」

仕事を「任せる側」は、こうした「権限の感覚」を身に付けることが重要です。

「ここから、ここまで」と権限を与えたのであれば、たとえ社長であっても、その権限は奪えない。

覚えておきたい
出口治明からのひと言！

職責上位者だからといって、オールマイティではない

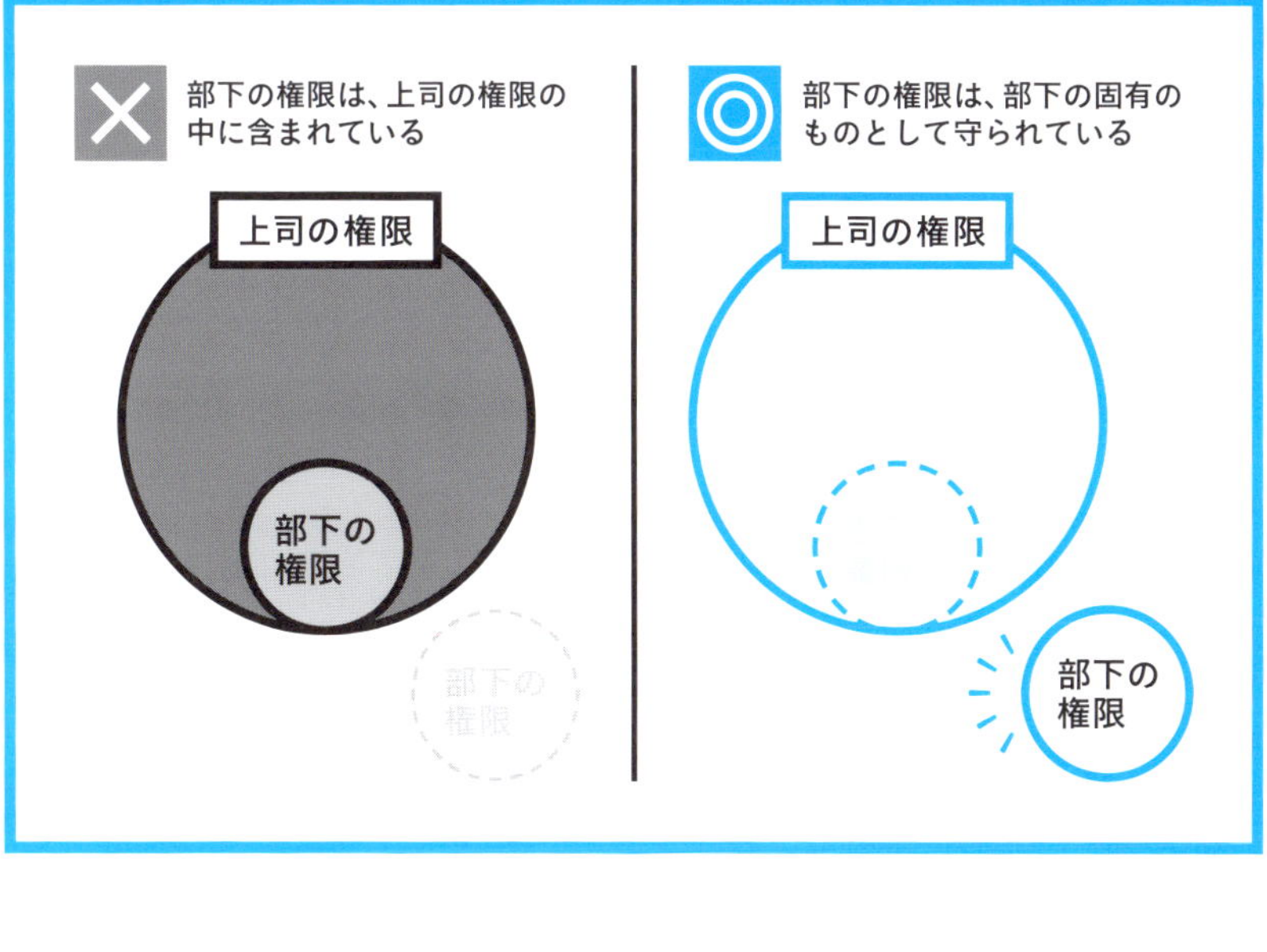

×
部下の権限は、上司の権限の中に含まれている
上司の権限
部下の権限
部下の権限
◎
部下の権限は、部下の固有のものとして守られている
上司の権限
部下の権限

⑤ あえて「異質な社員」に仕事を任せる切実な理由

任せるメリット②「ダイバーシティ（多様性）への認識が高まる」

欧米は、企業経営陣の「多様性」を推進しています。その象徴が、「女性の登用」です。

欧米のいくつかの国では、女性役員のクオータ制（一定数の女性役員の登用を企業に義務付ける制度）の導入が進んでいます。

近年は、スペイン、フランス、ベルギー、オランダ、カナダ、オーストラリアなどでクオータ制が法制化されています。とくにノルウェーは積極的です。株式会社を対象に「女性役員比率を40％」にすることを義務付けています。

アメリカのコンサルティング会社「ＧＭＩレーティングス」は、世界各国の企業における「女性役員比率」を調査。その結果、日本企業（447社が対象）の女性役員比率は、「1・1％」で、**世界最低水準（45カ国中44位）**であることがわかりました。

先進国の「平均11・8％」、新興国の「平均7・4％」を大きく下回っています。

日本の女性役員比率は、世界的に遅れている

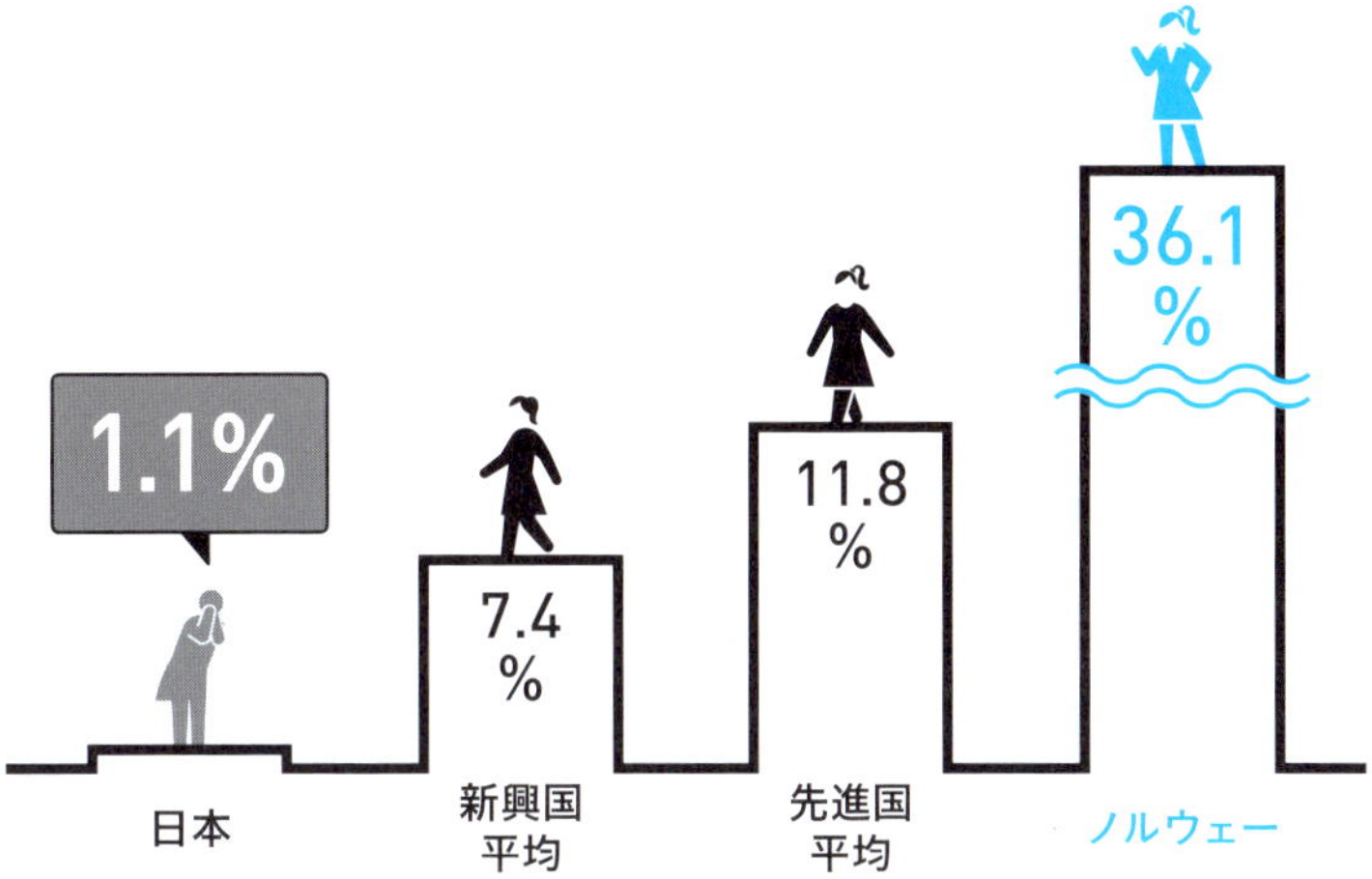

同質性の高い経営チームを構成すると、変化に対応できない

日本企業の経営陣は、年功序列で純粋培養された「おじさんたち」が担っています。経営陣の多様性（ダイバーシティ）の乏しさ、すなわち同質性の高さが、構造改革を遅らせています。

欧米の企業が「女性役員の登用」に積極的なのは、極論すれば「消費を支えているのは、女性だから」ではないでしょうか。「世界の消費の64％は、女性が支配している」と結論付けている調査データもあるくらいです。

消費者の多くが女性ならば、消費財を生産する企業側にも女性が必要です。

「年功序列で純粋培養されたおじさんたち」に、女性の気持ちがわかるとは思えません。女性社員に「任せる」ほうが、消費を伸ばすことがで

きるはずです。

同質性にこだわると、会社が硬直化します。女性に売るなら女性に、外国人に売るなら外国人に、若者に売るなら若者に任せる。**性別や年齢、国籍を超え、多様な人材に「任せる」**ことで、会社は強くなります。

ライフネット生命のＩＰＯ（株式公開）を仕切った企画部長は、当時32歳。彼は、とある会議が終わると私のところにやってきて、こんなことを言いました。

「出口さん、さっきの言い方はなんですか」
「あんな言い方されると、やる気をなくします」
「次回からはこんな風な言い方をしてください」

企画部長が50～60代の「おじさん」だとしたら、私に気を遣って、彼のようには言いたいことがストレートに言えなかったはずです。「あの王様は裸だよ」「出口は間違っているよ」と指摘できるのは、ライフネット生命が「女性・若者」を経営チームの中に取り込んでいるからです。

同質性の高いおじさんばかりで経営チームを構成すると、変化に対応できません。ボードメンバーにしても社員にしても、ダイバーシティを徹底し、多様な人材で組織を構成する。これからの企業には、**「異質な社員に権限を委譲し、任せる」**ことが求められているのです。

デキるリーダーになれる
任せ方のPOINT

1. 女性の消費者が多くいる以上、企業側にも女性が必要
2. 性別、年齢、国籍を超え、多様な人材に任せることで、会社は強くなる
3. 同質性の高いチームを構成すると、変化に対応できない

多様性の高い会社は、マーケットのニーズに応えられる

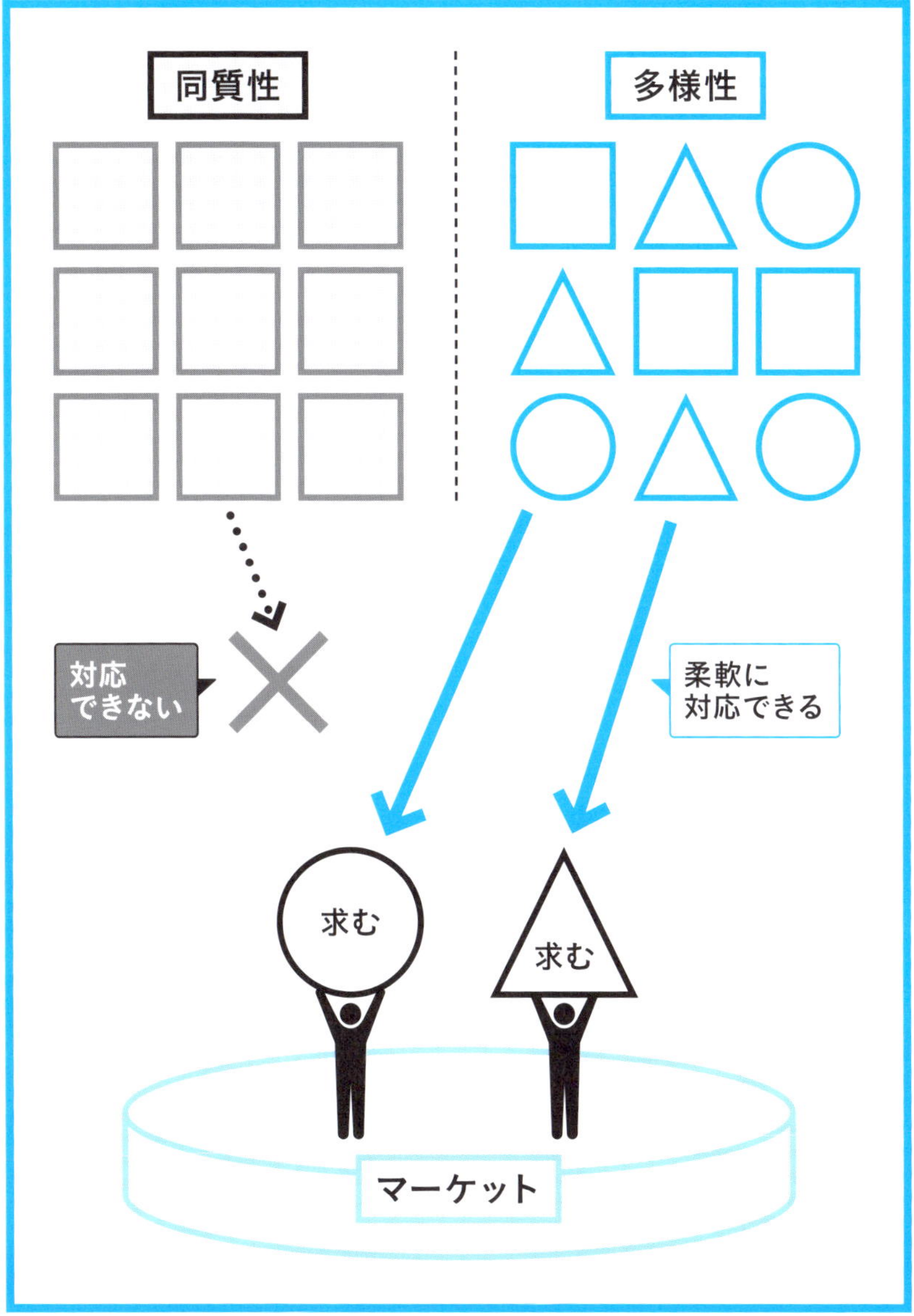

6 サッカーがプロレス化した時代では、これまでのルールは通用しない

任せるメリット③「グローバル経済の変化に対応できる」

1980年代後半に起きた「東西冷戦の終焉《しゅうえん》」によって、日本経済は大きな影響を受けました。冷戦の終焉で、自由経済市場でのプレーヤーの数が一気に拡大したのです。

東西冷戦が終焉するまで、自由経済市場は「日米欧10億人の間で行われるゲーム」でした。ところが、ベルリンの壁が崩壊し、ソ連がロシアに変わり、中国が市場を開き、その後も東南アジア、インド、アフリカが次々と参入してきました。プレーヤーの数は、「10億人から50億人へ」膨れ上がったわけです。

プレーヤーの数が増えると、どうなると思いますか？

ゲームのルールが変わります。

自由経済市場をサッカーにたとえて考えてみましょう。

サッカーは、「11人のプレーヤー対11人のプレーヤー」で行うスポーツです。

では、競技場のサイズが同じまま、プレーヤーの人数が増えて「50人のプレーヤー対50人のプレーヤー」になったとしたら？

競技場の中には「１００人」もの敵味方がひしめき合って、パスは通りません。

おそらく、「プロレス」のような殴り合いになるでしょう。

サッカーがプロレス化したような時代では、いままでどおりのルールは通用しません。

グローバリゼーションとは、一言でいえば、「ゲームのルールが変わったこと」を意味しています。

つまり、新しいルールを覚えて、**新しい人材に仕事を任せて、**これまでと違った戦い方をしなければ、勝てなくなってしまうのです。

サッカーがプロレス化した時代では、新しい人材が必要

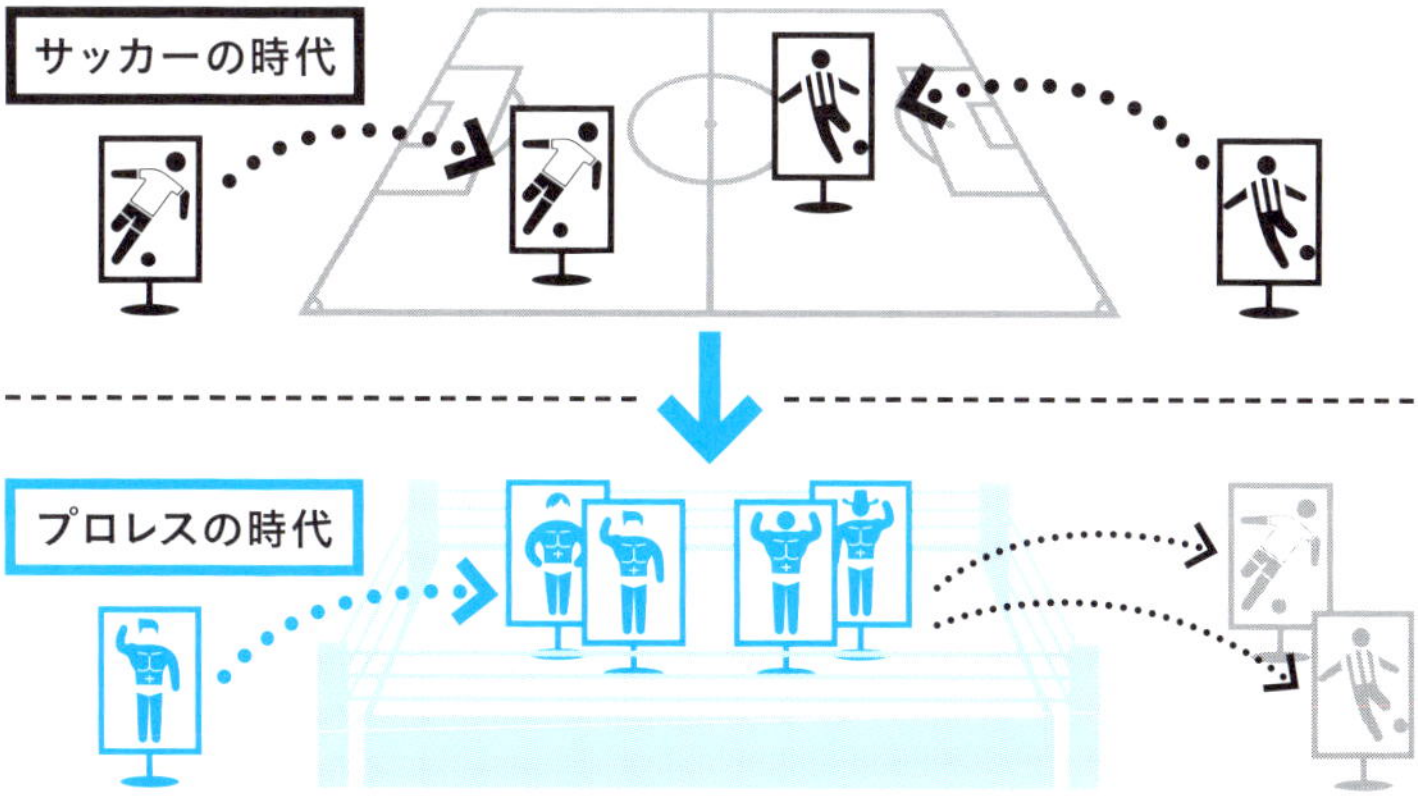

サッカー選手を退場させ、プロレスラーを採用するのが正解

プロレスのリングに必要なのは、サッカー選手よりプロレスラー

ゲームのルールが変わると、市場ごとに製品やサービスに求められるスペックも当然、変わっていきます。

たとえば、新興国市場で求められる家電商品のスペックは、

「基本的な性能を満たすこと」

「安い価格帯で手に入りやすいこと」

「壊れにくいこと」

でしょう。

新興国で「高付加価値・高価格の商品」をそのまま売るのは、サッカー場がプロレス化しているにもかかわらず、キレイなパスサッカーをするのと同じです。まったく通用せずに、殴り倒されるに決まっています。

パスがうまい選手ばかり集めたところで（同質の選手ばかり集めたところで）、プロレスでは勝てません。

プロレス化したサッカー場で相手を負かすには、ダイバーシティを取り入れ「プロレスラー」を採用すること。

サッカー選手をベンチに下げて、プロレスラーを投入しなければ、新しくなった市場のルールには対応できないのです。

ゲームのルールが変わったら、新しいルールを覚えて、新しい人材に仕事を任せなければ、勝てない。

覚えておきたい
出口治明からの
ひと言！

「任せるしくみ」の3つのメリット

1 経営と業務執行の分離が実現する

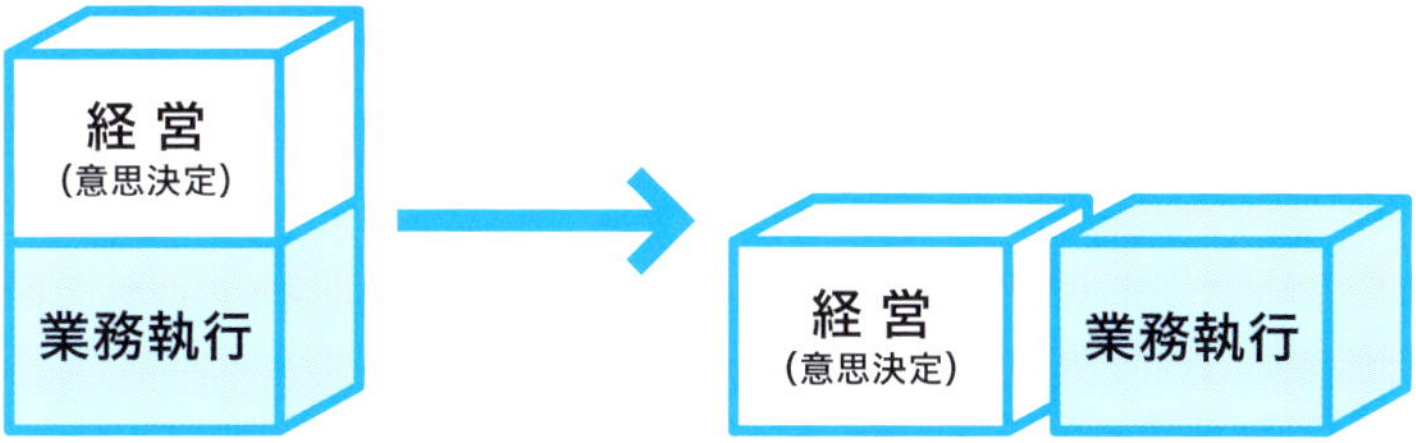
経 営
(意思決定)
業務執行
経 営
(意思決定)
業務執行

2 ダイバーシティ(多様性)への認識が高まる

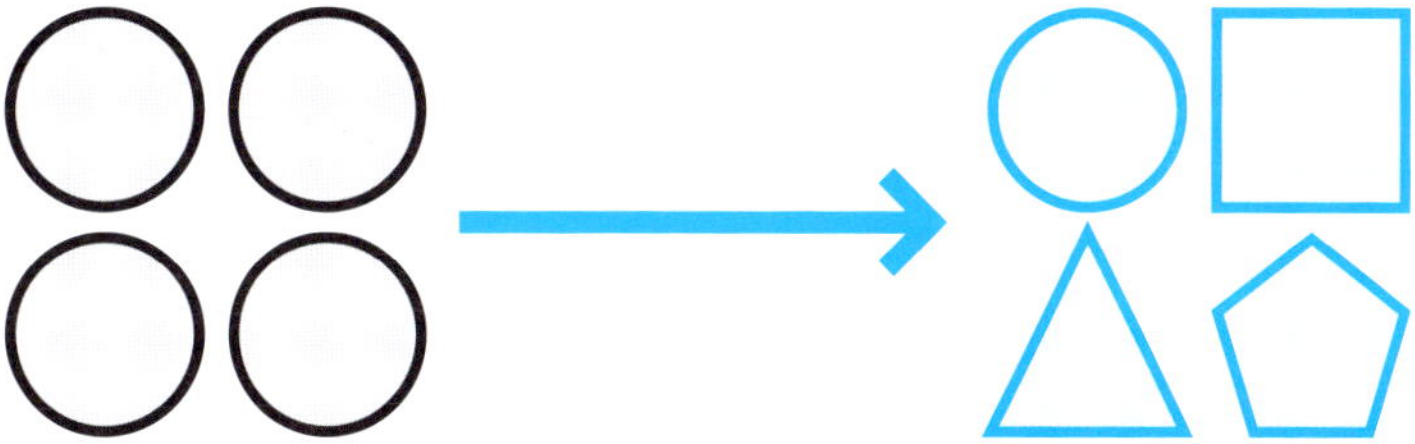

3 グローバル経済の変化に対応できる

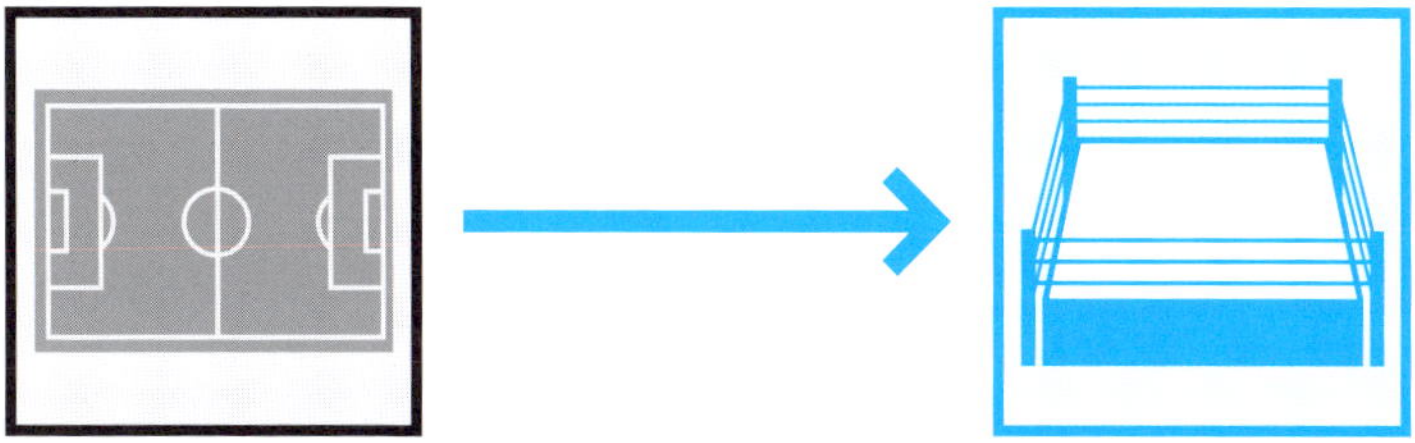

第1章 上司になったら「任せるしくみ」をつくりなさい まとめ

1 人間の能力はそれほど高くない。
上司の管理能力は、せいぜい部下2～3人分

2 部下に権限を与えたら、仕事のプロセスには
細かく首を突っ込まないのが正しい任せ方

3 「意思決定」と「業務執行」の責任を分けたほうが、
透明性のある経営ができる

4 「誰が、何を、どこまで決定できるのか」といった
権限の範囲を、任せるときは決めておく

5 部下に与えた権限は、部下固有のものであり、
上司といえども口を挟んではいけない

6 性別、年齢、国籍を超えて、
多様な人材に任せることで、会社は強くなる

7 グローバル経済の変化に対応するには、
新しい人材に仕事を任せて、戦い方を変える

第2章

デキるリーダーは常に「いい任せ方」をしている

⑦ 権限の範囲がハッキリしない振り方を「丸投げ」という

部下の視野を広げる「仕事の振り方」がある

「任せる」も「丸投げ」も「仕事を振る」ことに変わりはありませんが、その「振り方」には大きな違いがあります。

●丸投げ……指示があいまい。

「何でもいいから、適当にやっておいてくれ」

●任せる……指示が的確。権限の範囲が明確。

「キミにはこういう権限を与えるので、こういう結果を出してほしい」

「任せる」とは**「権限の範囲を明確にし、的確な指示を出すこと」**です。具体例を見ましょう。

【任せ方のパターン例】

パターン①

「権限の範囲内で、好きなようにやらせる」

例：「○○に関するプレゼンテーション資料をキミにつくってほしい。こちらからは口は出さないので、権限の範囲内であれば、**好きなように**資料をまとめてもらってかまわない」

仕事の任せ方のパターン例

1 権限の範囲内で好きなようにやらせる

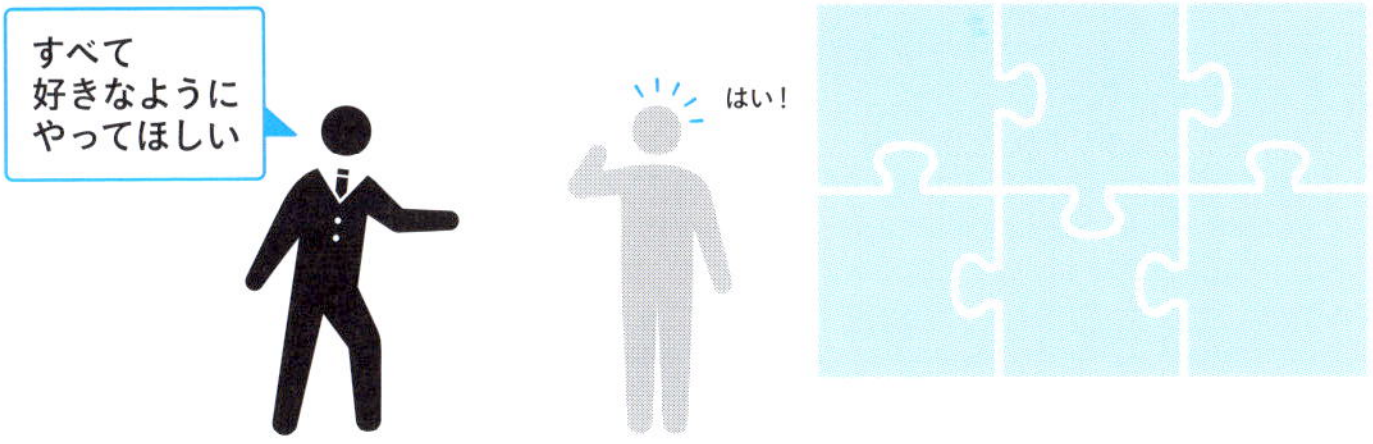

2 仕事の一部分・パーツを任せる

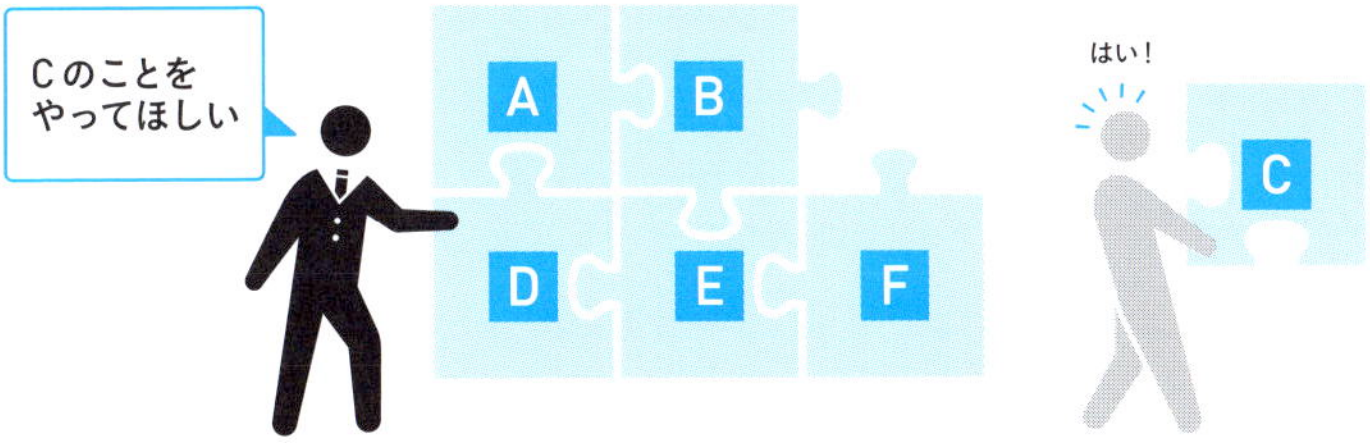

3 上司の仕事を代行させる

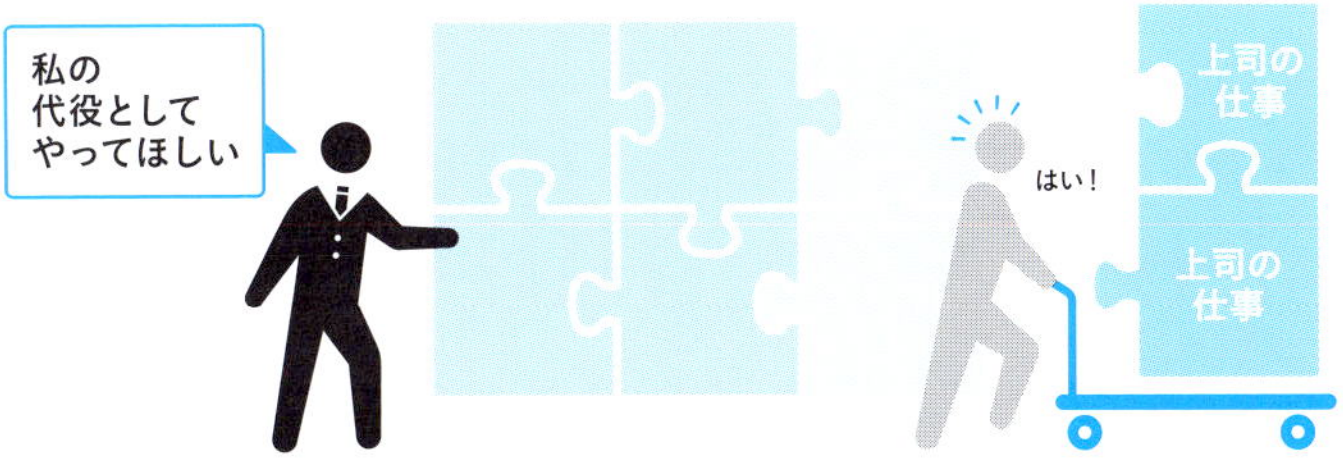

パターン②「仕事の一部分・パーツを任せる」

例：「○○に関するプレゼンテーション資料をつくっているのだが、データが不足している。**この部分のデータ**を集めてほしい。資料をまとめるのはこちらでやるので、キミがやるのは、データを見つけてくることだ」

パターン③「上司の仕事を代行させる」

例：「○日後にプレゼンテーションがある。本来は部長の私が説明するのだが、今回は私の**代役として、**キミにスピーカーを担当してもらう」

①の任せ方は「好きなようにやらせ、上司は口を出さない」わけですから、「丸投げと同じではないか」と思えるかもしれません。ですが、「こちらからは口は出さないので、好きなようにやってもいい」との指示を明確に出しているのですから、丸投げではありません。

②の任せ方は、「ビジネスラインの一工程を任せる」「作業の一部分だけを任せる」やり方。

③の任せ方は、部下の視野を広げる一助となります。「一段高い仕事」を任せるようにすると、部下の視野が広がります。「上司の代役」を任せれば、部下は「自分が部長や課長になったつもり」で考えるようになるでしょう。

ビルの1階では見えなかった景色が、階が上がるほど視野が広がって、遠くまで見えるようになる。それと同じです。

大きな仕事のプレッシャーはその後の自分の糧になる

私は、日本生命時代、小さなロンドン支店で、500億円の証券運用を任されていました。在任期間3年で、その他に、また、2000億円のお金を新たに貸し付けました。

大きな仕事を任されると、視野が広がる

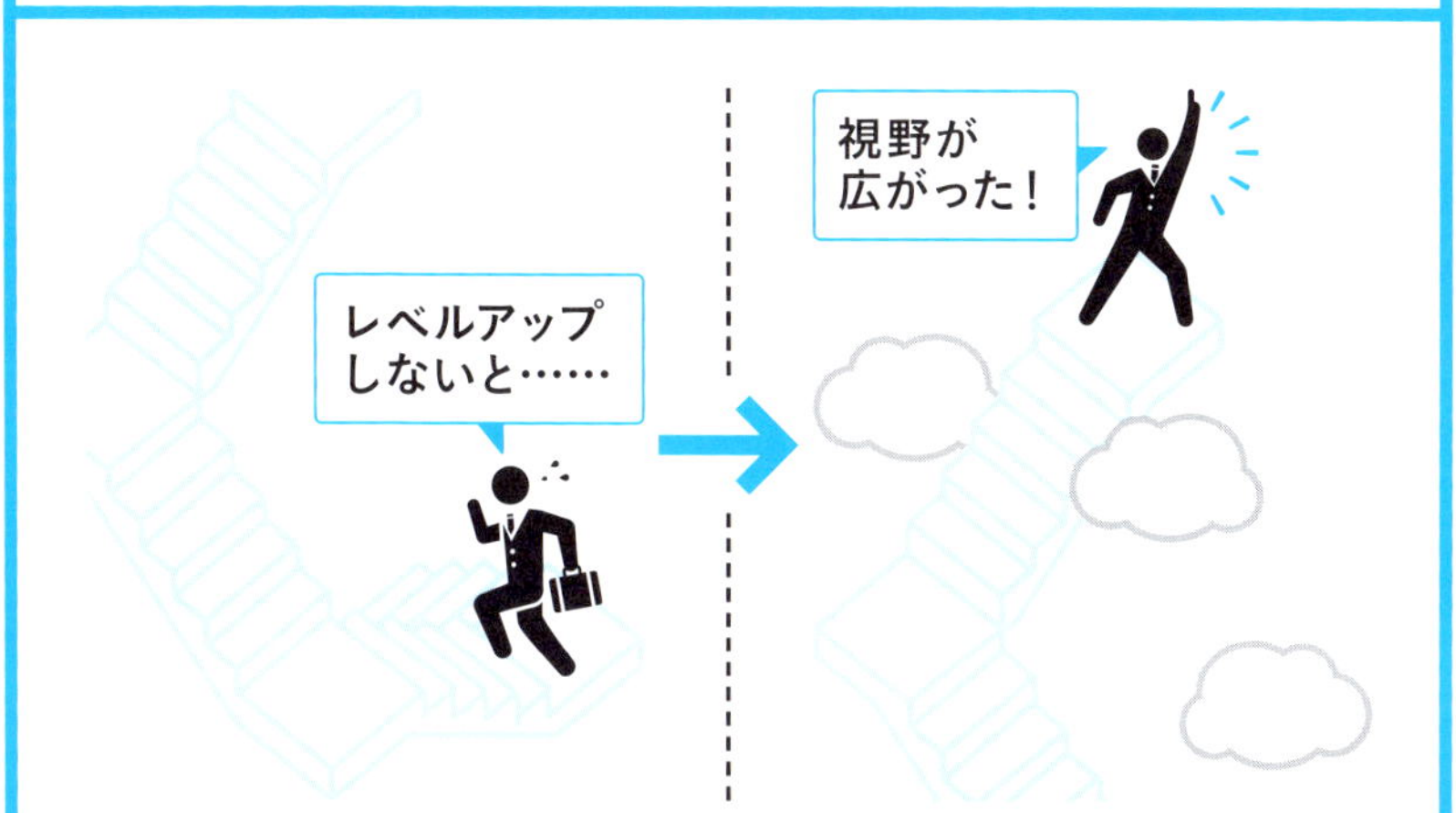

「責任」はプレッシャーだが、その経験が糧になる

責任は重大。当然ですが、「本当に回収できるのか」を必死になって考えます。

こんなときはプレッシャーを感じて苦しくなることもあるかもしれませんが、この経験は、その後の私の糧になっていると思います。

大きな仕事を任されると、責任も重くなる。その結果、否応なく階段を上がることになる。「自動的に視野が広くなる」のです。

「任せる」とは、「権限の範囲を明確にしたうえで、的確な指示を与えること」である。

覚えておきたい 出口治明からのひと言！

8 指示は徹底して「具体的、かつ的確」に出す

労務管理とは「部下に権限を与え、具体的かつ的確な指示を出す」こと

上司がすべき〝労務管理〟とは、

「部下に権限を与えたうえで、**的確な指示を出すこと**」

です。部下に権限を与えても、上司の指示があいまいであれば、成果を上げることはできません。

上司は、「部下が困らないように、具体的かつ的確な指示を出す」必要があります。


たとえば上司は、「部下が動きやすい指示」を与えなければなりません。

ただし、「明確な指示を与えたつもり」でも、部下には伝わらないことがあります。

「口頭での指示が苦手なので、部下に伝える自信がない」上司も多いようですが、それならば「メモやメールで指示を出し、文書に残す」「伝えたあとで部下に復唱させる」などして、**情報の食い違いを防ぐ**ことが大切です。

一方で、指示を受けた部下にも守るべきことがあります。それは、「腑《ふ》に落ちるまで内容を確認する」ことです。

上司と部下の関係は、相互通行で成り立つ

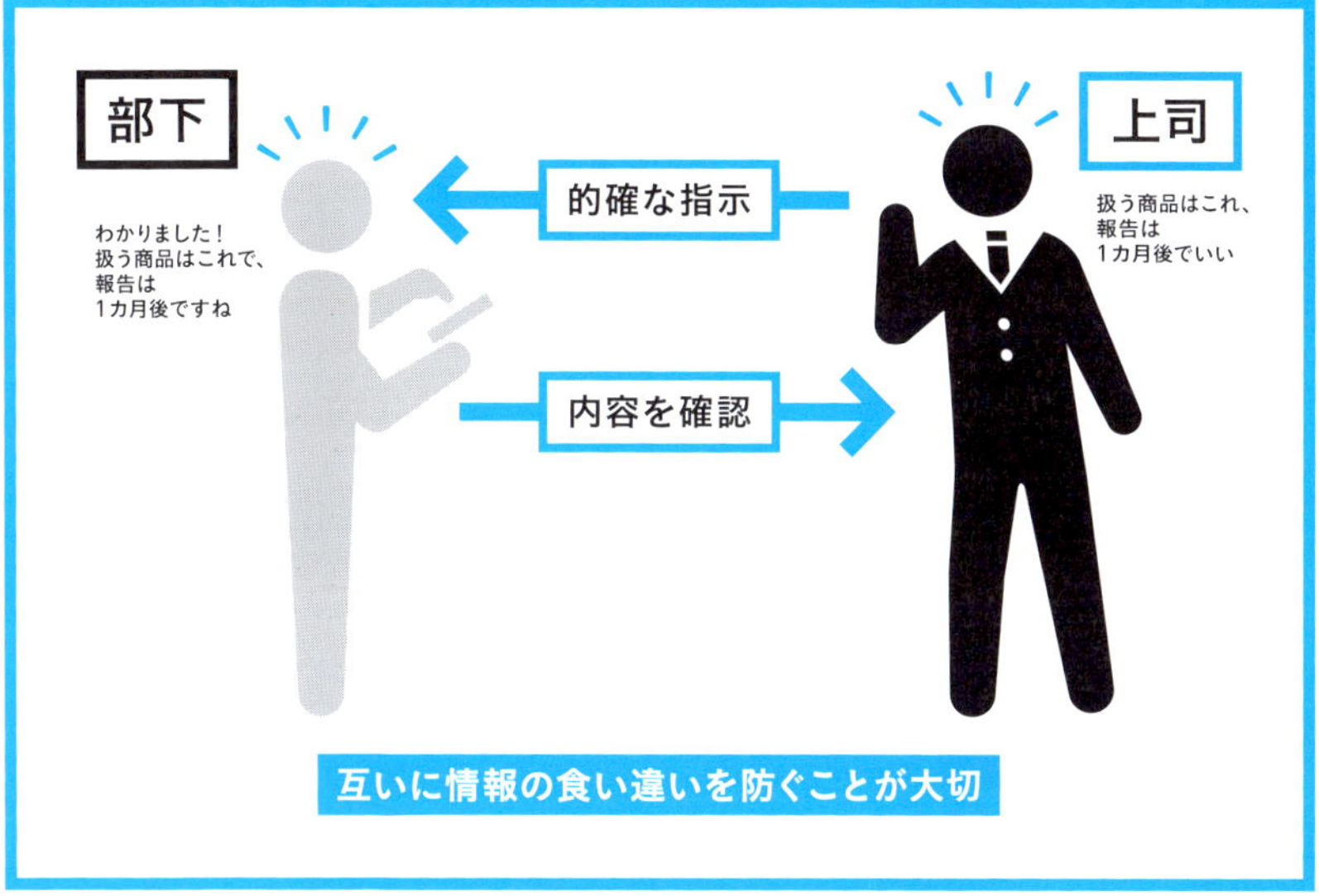

「的確な指示」とは、双方向のコミュニケーションです。「上司から部下」への一方通行ではなく、「上司から部下、部下から上司」の相互通行によって成り立つのです。上司の指示がわからなければ、部下は指示の内容を理解するまで、聞き直す必要があります。

とくに中間層の社員は、「上司から受けた指示を、さらに部下に伝えるポジション」にいます。課長であれば、部長からの指示を係長に伝えるポジションになります。ということは、上司の指示が腑に落ちていなければ、部下に対して「的確な指示」を出すことができません。

なお、「報告」「連絡」「相談」を略して「ほうれんそう」と言いますが、私は、双方向のコミュニケーションのためには、「上司こそ、部下に対して積極的に『ほうれんそう』をする」ことをお勧めしています。

なぜ「重大事故」が「何もなかった」ことになるか

現場で大きなトラブルが起こったとします。大企業で多いケースでは、課長には「大きな事故が起きたけれど、現場で対処できる」と伝わります。部長には「現場で事故があったが、それほど大事には至らなかった」と伝わります。

役員には「現場で些細《ささい》な何かがあったが、すでに解決済み」と伝わり、社長には「今日は、何も、変わったことはない」と伝わります。

大きなトラブルがあったのに、社長の耳に届く頃には「何もなかった」ことになってしまう──これではまるで「伝言ゲーム」（列の先頭から、耳打ちしながら伝言を伝えていく遊び）です。人を介するほど不確実性が増すようでは、権限を委譲することはできません。

- 指示を出す側……「部下が動きやすいように、具体的かつ的確な指示を出す」
- 指示を受ける側……「指示の内容を理解できるまで聞き直す。偽りのない報告をする」

上司と部下の間で、指示の内容がクリアになっているから部下は動けるわけですし、部下からの報告に偽りがないからこそ、上司は正しい判断ができるのです。

デキるリーダーになれる 任せ方のPOINT

1 部下に権限を与えたうえで、的確な指示を出す

2 「的確な指示」とは双方向のコミュニケーション

3 人を介するほど不確実性が増すようでは、権限を委譲できない

「伝言ゲーム」が起こるようでは権限を委譲できない

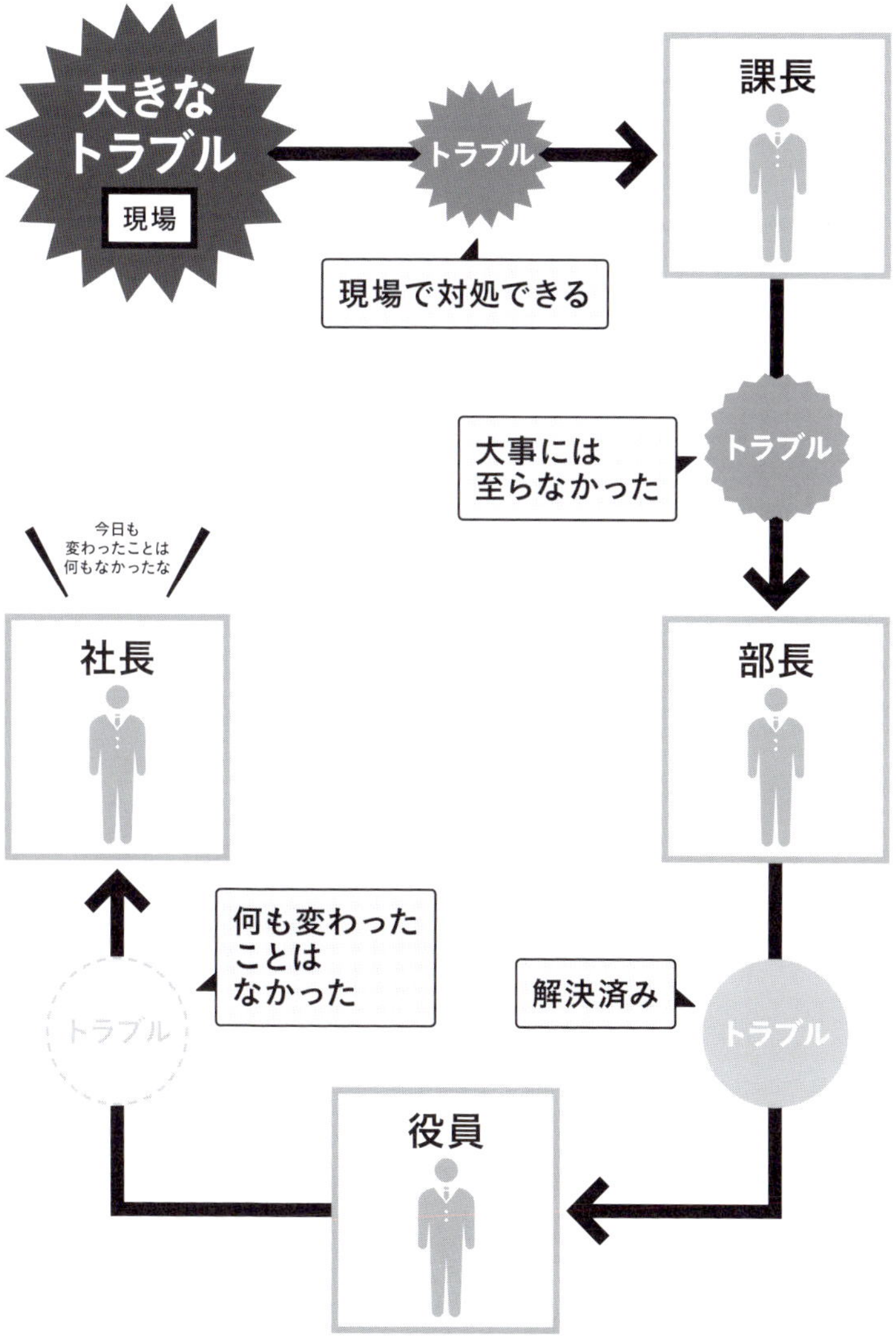
大きなトラブル
現場
トラブル
現場で対処できる
課長
トラブル
大事には至らなかった
部長
トラブル
解決済み
役員
トラブル
何も変わったことはなかった
社長
今日も変わったことは何もなかったな

9 上司が部下に指示を出すとき、明確にすべき4条件

「期限」と「優先順位」をハッキリ伝える

上司が部下に指示を出すときは、以下の①～④の条件を明確に示すべきです。この4つを明らかにしてこそ、指示は的確に伝わります。

条件① 「期限」を示す

「いつまでにやらなければいけないのか」、**仕事の期限（時間）**を示しましょう。「急いでやる仕事」なのか、「ゆっくり時間をかけていい仕事なのか」を部下に理解させる必要があります。

ただし、人間は忘れっぽい動物なので、期限を部下が忘れてしまうこともあります。ですから、途中で進捗状況を確認したほうがいい。たとえば期限が1週間後だとしたら、4日目あたりに「締め切りまで半分を過ぎたけど、順調に進んでいるよね」とフォロー（催促）を入れることが大切です。

任せた側も、「誰に、どんな仕事を任せたのか」を忘れてしまうことがありますから、手帳などに「誰に、何を頼んだか。締め切りはいつか。催促はいつするか」を書き込んでおきまし

的確な指示を出すための「4つ」の条件①②

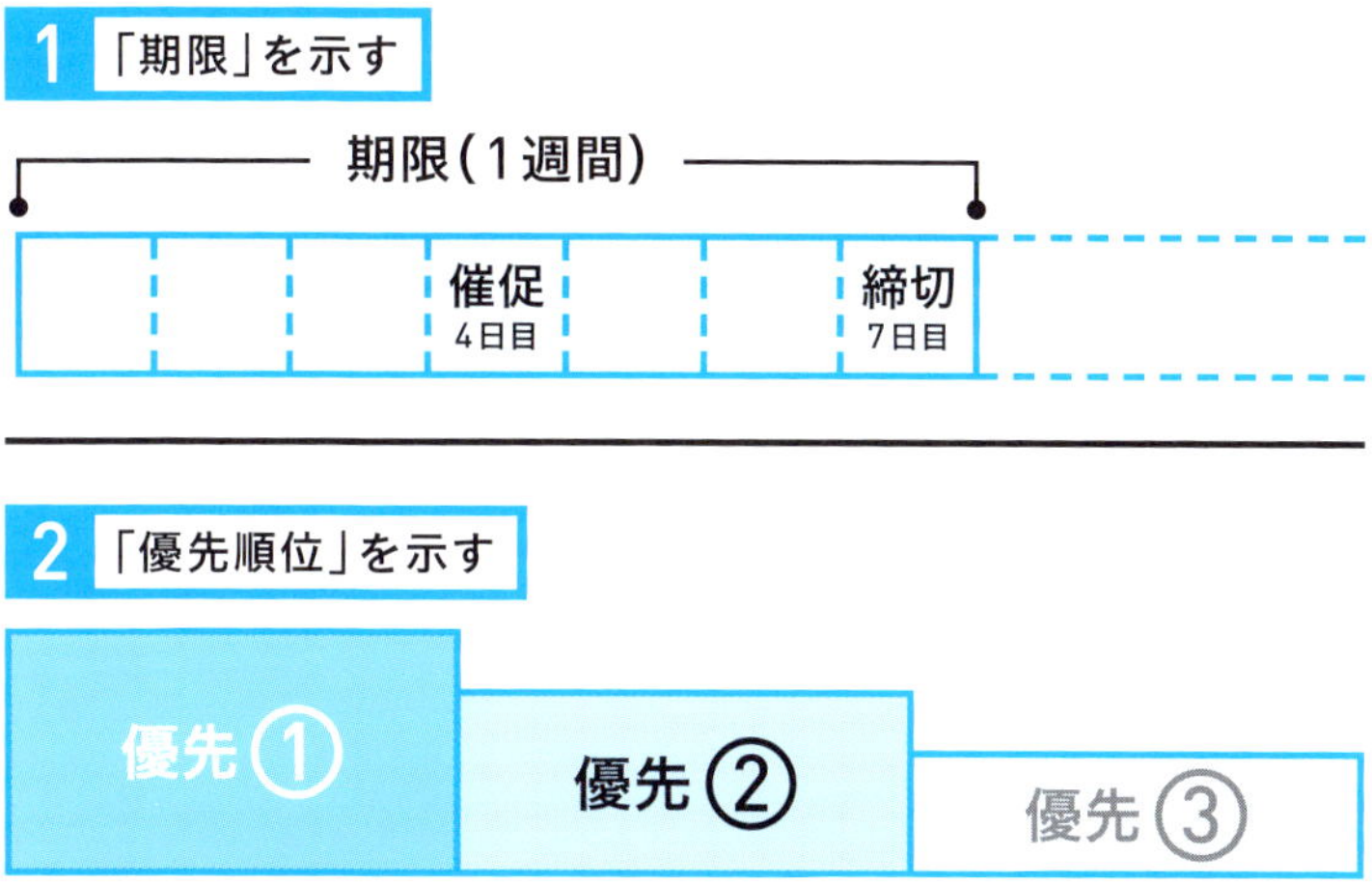

ょう（私はカレンダーに書き込んでいます）。

条件②「優先順位」を示す

「期限」を示して「いつまでに終わらせてほしい」と指示を出したとします。ところが、部下がほかの仕事を抱えている場合は、仕事量が増えて、期日を守れないことも考えられます。

そこで上司は、「任せる仕事」と「部下がすでに持っている仕事」を比べて、「これが1番、これが2番、これが3番……」と**優先順位を示し、「任せる仕事」の時間枠を取る**ことが大事です。

優先順位は、「時間の順位」のほかに「価値の順位」も含まれます。価値とは、「与えた仕事のなかで、もっとも重視する要素」のことです。

仕事を任せるときに、

「このプロジェクトで大切なのは、A、B、C」

と指示を出す上司はたくさんいます。でもこれは価値を列挙しただけで、部下は、A、B、C

の「どれをいちばん大切にしたらいいのか」がわからず、迷ってしまうでしょう。私だったら、次のように指示を出します。

「このプロジェクトでは**もっとも優先すべきなのはA。2番目はB。3番目はC。**判断に迷ったら、Aを最優先するように」

このように順位をつけて伝えておけば、担当者は迷いません（ただし、あまり細かく順位をつけると相手の自由度を奪うので、1番目から3番目までぐらいでよいと思います）。

仕事の「背景」と「要求レベル」をハッキリ伝える

条件③「目的・背景」を示す

たとえば、上司Aがプレゼン資料を作成中に、部下Bを呼んで「この部分のデータが足りないから、探してくるように」と指示を出すことにしたとします。このとき上司Aは、「どんなデータが足りないのか」「どんなデータを見つけてほしいのか」といった部分的な説明とともに、プレゼンテーションに関する**全体像（目的と背景）**を部下Bに伝える必要があります。

「プレゼンの**目的**は何か」

「**どういう**資料をつくろうとしているのか」

「**どこに**提出する資料なのか」

上司は「わざわざ全体の話をしなくても、必要な部分の説明だけで十分だろう」と考えがちですが、そんなことはありません。全体像がわかっていないと、部下Bは、適切なデータを見つけることができません。

部下の創意工夫を引き出すためにも、「目的と背景」をきちんと伝えるべきです。

条件④「レベル」を示す

「完成品」を望んでいるのか「半製品」を望ん

でいるのか、**仕事のレベル（質のレベル）**を明確に示します。

たとえば、部長が課長に「スピーチの原稿を代わりに書かせる」場合に、「あとで自分でも手直しをするので、ひとまず下書きをしてほしい」（＝半製品）のか、「書いてもらった原稿をそのまま読む。手直しはしない」（＝完成品）のか、「求める仕事のレベル」によって、部下の対応も変わってくるはずです。

仕事を任せるときは、「時間も、部下の能力も、有限である」ことを忘れてはいけない。

覚えておきたい
出口治明からの
ひと言！

的確な指示を出すための「4つ」の条件 ③④

3　「目的・背景」を示す

部分

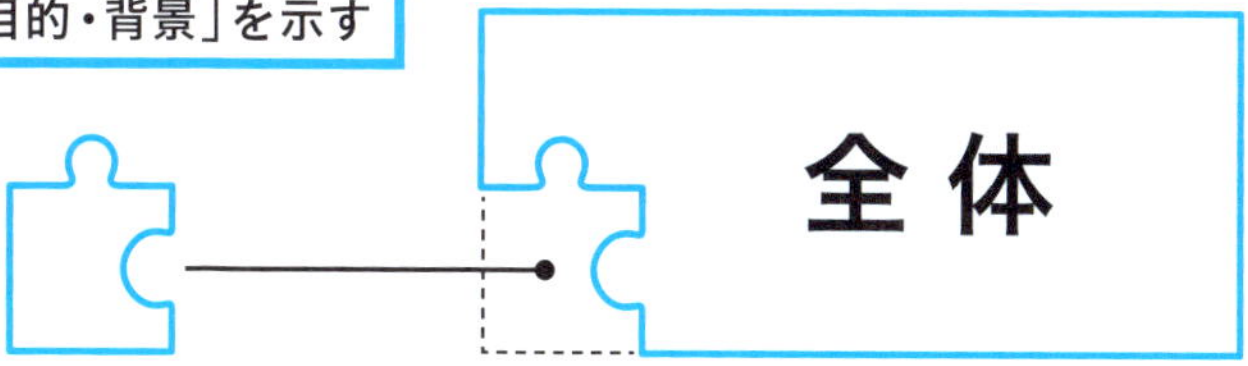

4　「レベル」を示す

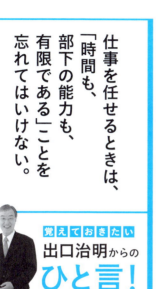

⑩ 仕事を任せるときは、「責任」も一緒に負わせてみよ！

権限を定めれば、それに応じて責任の範囲も定まる

「権限の範囲がわかる」ということは、「誰が、どこまで責任を取るのか」がわかることと同義です。

権限を定めれば、それに応じて責任の範囲も定まります。大きな権限を与えておきながら責任を求めないとしたら、権限が乱用されてしまいます。

反対に、責任ばかり押し付けて権限を与えなければ、部下の意欲は下がる一方でしょう。

部下に仕事を任せるときには、**「権限と責任を一致させる」**ことを忘れてはいけません。

任せる（権限を委譲する）とは、「責任を持たせること」と裏表です。私は、**「部下を育てる基本は、責任を持たせること」**だと考えています。

部下に「完成品レベル」の仕事を任せたとします。ところが部下の仕事が「完成品」に及ばなければ、部下に責任を取らせるべきです。つまり「やり直しをさせる」のです。

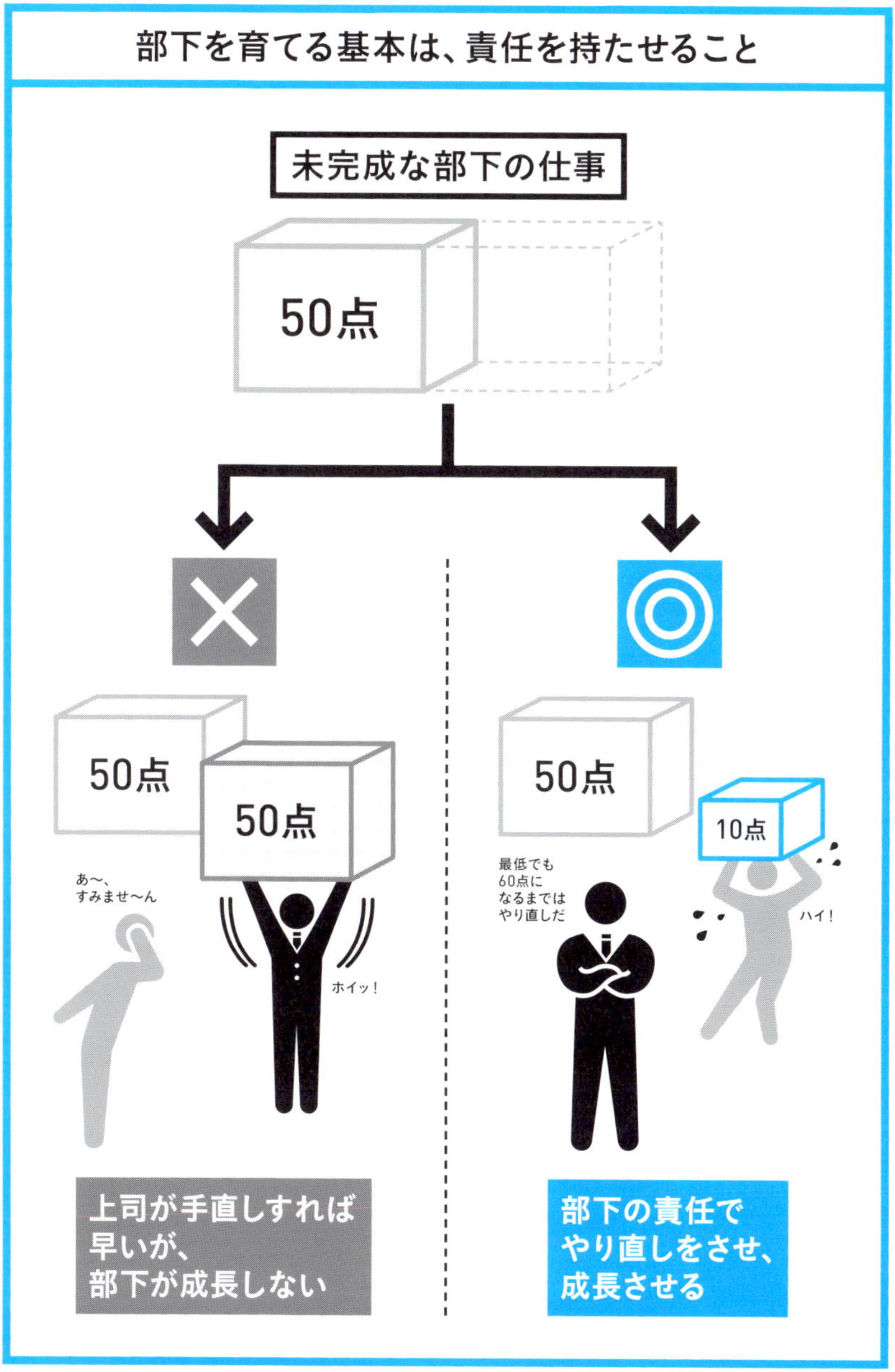
部下を育てる基本は、責任を持たせること
未完成な部下の仕事
50点
50点
50点
あ〜、
すみませ〜ん
ホイッ！
上司が手直しすれば
早いが、
部下が成長しない
50点
10点
最低でも
60点に
なるまでは
やり直しだ
ハイ！
部下の責任で
やり直しをさせ、
成長させる

私から見て、部下の仕事の出来映《できば》えが、「50点」だったとします。このとき、「私が直接手を入れて、手直しをする」ほうが、早いかもしれません。

でも、それでは部下の能力は上がらないでしょう。部下の成長を望むなら、めいっぱい考えさせ、**何度も「やり直し」をさせるべき**です。

「上司は部下よりも仕事に詳しい」は、嘘である

日本生命の部長時代、私は部下に対して、

「相談は受け付けない」

と公言していました。部下の管理を放棄していたわけではありません。

どうして私は、部下の相談に乗らなかったのか。それは、**「部下のほうが、仕事の範囲が狭いからこそ、〝深い〟」**からです。

一般的に、「上司は部下よりも経験を積んでいるので、仕事に詳しい」と思われていますが、そうとはかぎりません。

部で受け持っている取引先が１００社あり、部下が10人いたとします。すると部下は、一人につき「10社」受け持つ。部長は一人で「１００社」を見ることになります。**社員は「狭く、深く」、部長は「広く、浅く」取引先と関わる**ことになるわけです。

当然、取引先について詳しく知っているのは、部長よりも部下です。部下から、

「どうして出口さんは、僕が困っているのに相談に乗ってくれないんですか？」

と泣きつかれても、私は１００社と10社のロジックを持ち出して……、

「そんなもん、嫌や。おまえのほうが、その会社についてオレよりも詳しく知っているじゃな

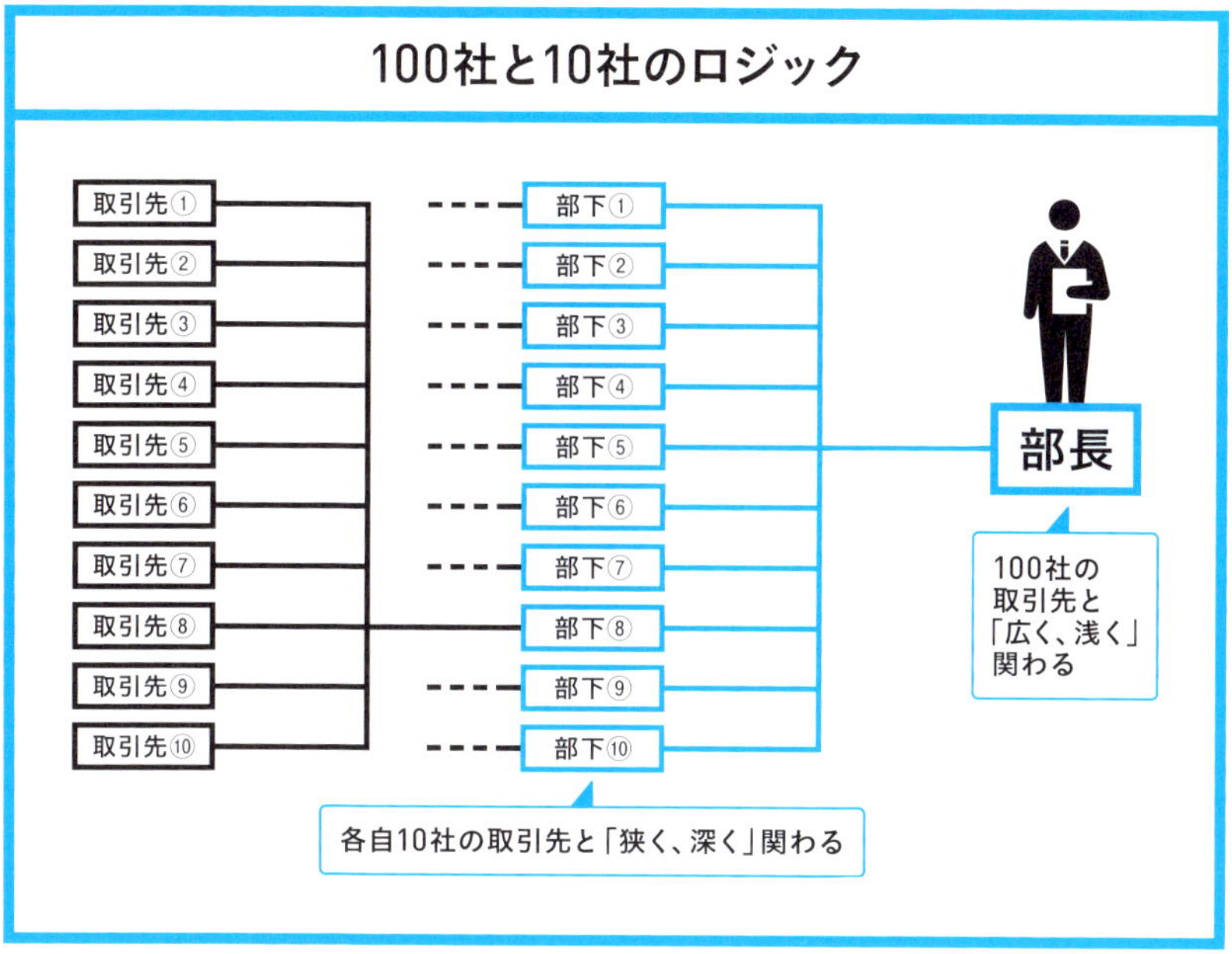

いか。よく知らないヤツが、詳しく知っているヤツの相談に乗れるわけがない」

と、突き返していました。

ただ、まったく相談に乗らなかったわけではありません。

自分で考えもせずに「答えを聞きに来た部下」は相手にしませんでしたが、事前に「案」を考えてきた部下の相談には乗っていました。

部下の成長を望むなら、めいっぱい考えさせ、何度も「やり直し」をさせるべきである。

覚えておきたい 出口治明からの ひと言！

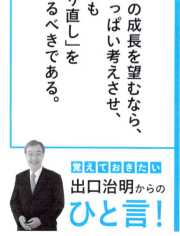

⑪ 部下のミスには「問答無用で責任を取る」

上司は「結果責任」の見返りとして高給をもらう

上司であれ、部下であれ、権限を与えられている者は、権限の範囲内で「責任」を負うことになります。そして、権限が大きくなるほど、責任も重くなります。

上司は、「部下に仕事を任せる権限」を持っているのですから、部下が結果を出せなければ、最終的には「上司の責任」です。**部下の失敗は、上司の責任**になるのです。

ビジネスの世界は「結果責任」です。理由はどうであれ、結果がともなわなければ、責任を取らなければなりません。

ところが日本の社会では、「結果責任」の概念が薄い気がします。

「結果責任」という言葉の意味は、とても重い。社長、部長、課長など、「長」のつくポストを任される社員は、

「結果責任を負う見返りとして、高給（手当）をもらっている」

と私は考えています。ですから、ベストを尽

「長」は責任が重い代わりに高給をもらう

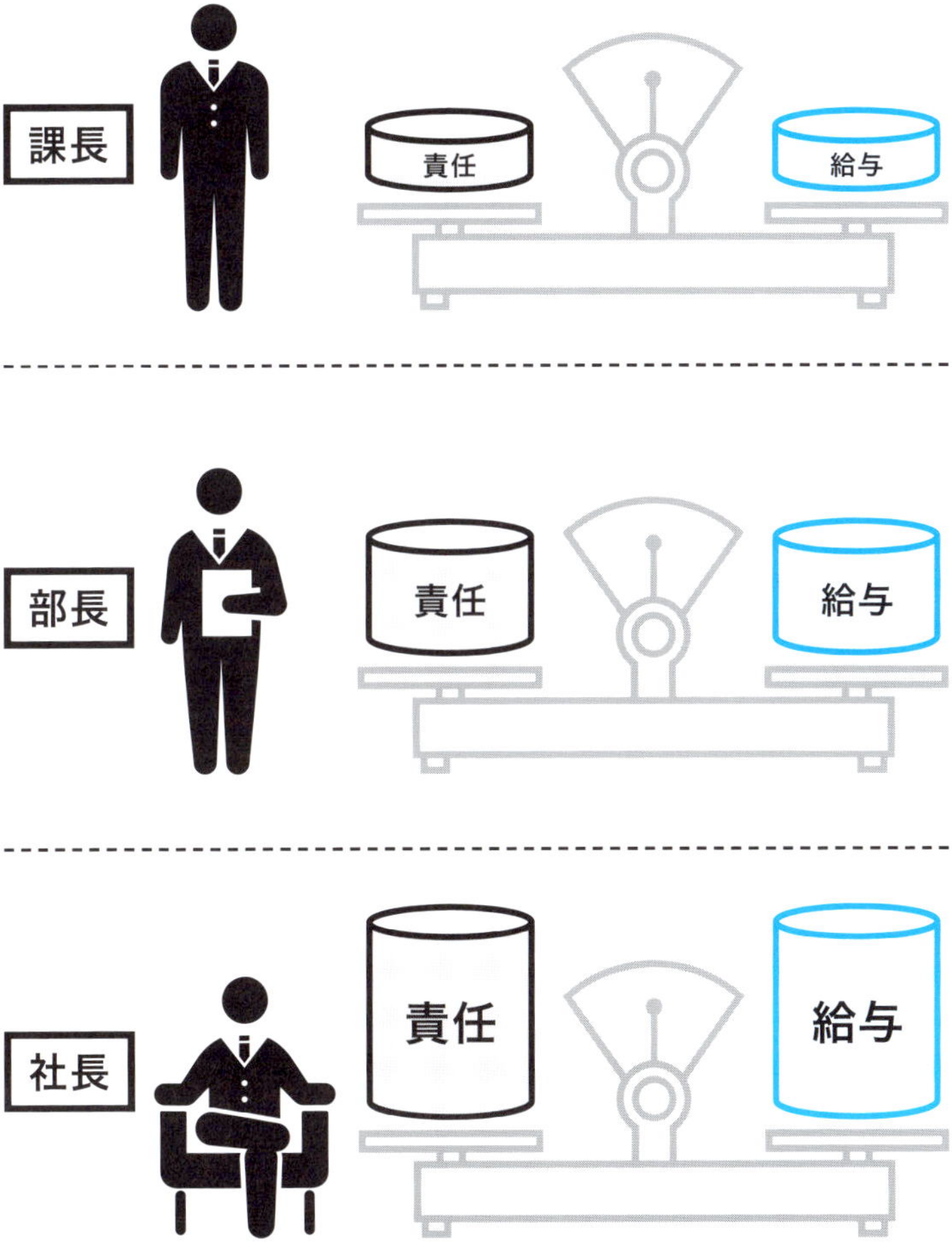

役職が上がれば責任は大きくなり、
その見返りとして給与も上がっていく

くした結果であろうが、尽くさなかった結果であろうが、

「結果が出なければ、責任を取る」

のが上司の「宿命」です。会社の不祥事に「社長が辞める」のは特別なことではなく、グローバル企業では「当たり前のこと」にすぎません。

「自分は知らなかった」という言い訳を、上司は使えない

不祥事を起こしたとき、「部下が、いつの間にかやっていたことなので、自分は知らなかった」と責任逃れをする上司がいます。「自分は知らない」と言い切る上司は、秩序の感覚が乏しいのでしょう。

「知っていようが、知っていまいが、自部門の責任を取る」

のが上司です。

「上司は、いかなる理由があろうとも、責任を取る」

「部下には、与えた権限の範囲内で責任を取らせるが、それ以上の責任は上司が取る」

上司が、出処進退（役職に留まるか、辞するか明らかにすること）をキレイにすれば、部下は上司を信頼するでしょうし、

「自分が失敗すると、上司に責任をかぶせてしまう。そうならないように、結果を出そう」

と、気を引き締めるはずです。

一方で上司も、「部下の仕事の責任は最終的に自分（上司）にある」という秩序の感覚を持っていれば、**部下を把握しようとするはず**です。

「自分の知っていることで責任を取るのはいいが、知らないことで辞めさせられるのは嫌だ」

と思うのが人間心理だからです。ビジネスでは「自分は知らなかった」が通用しないわけで

すから、「部下のことをもっとよく知る」しか方法はありません。

刑法の世界は、故意や過失がなければ、責任を問うことはできません。しかし私は、「刑法とビジネスは違う」と思います。

「故意や過失があろうとなかろうと、責任を取る」のが上司であり、「責任を取れる上司」がいるからこそ、組織は強くなるのです。

デキるリーダーになれる

任せ方のPOINT

1 ビジネスの世界は結果が悪ければ責任を取る必要がある

2 上司は結果責任を負う見返りに高給をもらう

3 故意や過失があろうとなかろうと上司は責任を取る

ビジネスでは「自分は知らない」は通用しない

刑法の世界
自分は知らなかった
ウ〜ン……
故意や過失がなければ責任を問われない
ビジネスの世界
自分は知らなかったが辞任します
そうか
フムフム
故意や過失があろうとなかろうと責任を問われる

第2章 デキるリーダーは常に「いい任せ方」をしている まとめ

1. 「丸投げ」は指示があいまいなのに対し、「任せる」は指示が的確かつ権限の範囲が明確

2. 「好きなようにやらせる」「一部分を任せる」「上司の仕事を代行させる」が任せ方の3パターン

3. 「的確な指示を出す」ためには、上司も部下も「双方向のコミュニケーション」を大切にする

4. 上司が部下に指示を出すときは、「期限」「優先順位」「目的・背景」「レベル」を明確に示す

5. 部下に仕事を任せるときには、「権限と責任を一致させる」ようにする

6. 部下の成長を望むなら、めいっぱい考えさせ、何度も「やり直し」をさせるべき

7. 「部下の失敗は上司の責任」。故意や過失があろうとなかろうと、上司は責任を取る

第3章

「プレイング・マネージャー」になってはいけない

⑫ 部下の仕事は「60点であれば合格」

部下全員に「毎回合格点」を取らせるのが上司の役割

上司と部下の関係を、「マネージャー」と「プレーヤー」と呼ぶことがあります。

マネージャー（上司）は部下に仕事を分配し（任せる）、プレーヤー（部下）は任された業務を遂行する（任される）。

マネージャーは、プレーヤーの代わりをしてはいけません。

マネージャーの中には、プレーヤーの仕事が「60点の出来」だった場合、自分なら80点以上の仕事ができると思い、次からは自分でしたり、手直しをして80点以上にしようとする人がいますが、それをしてはいけません。業務を遂行するのは、マネージャーの仕事ではないからです。

プレーヤーが「60点」取れていれば、「合格点」を与えてもいいでしょう。**マネージャーは、60点で我慢する**度量を持つべきです。残りの40点は「見て見ぬ振り」をするのです。

部下全員が「毎回60点取れる」ようにするのがマネージャーの役割です。部下が「60点未満」だとしたら、それを引き上げる努力と工夫をす

「部下全員に60点を取らせる」のが上司の務め

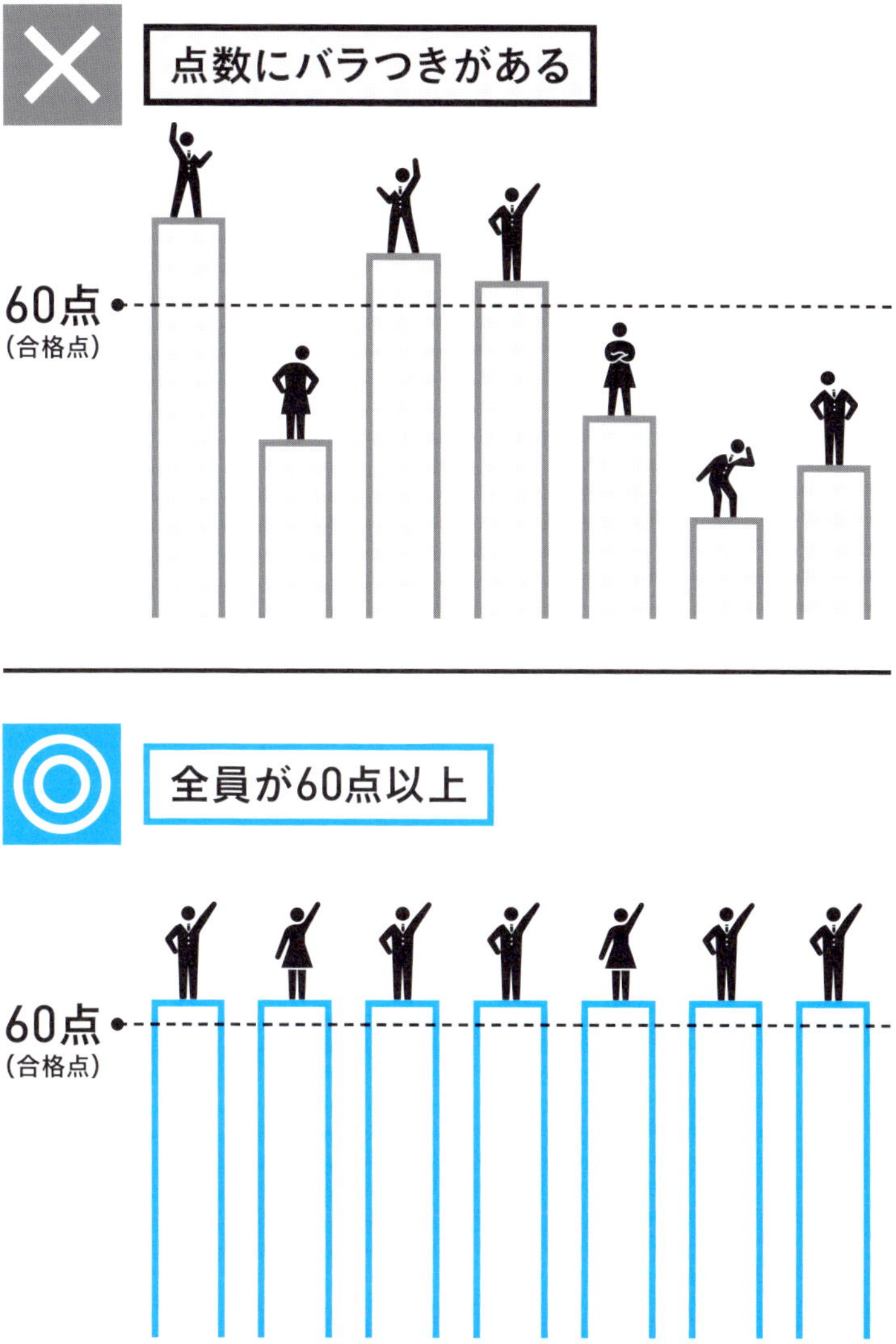

る。そして、全員が「60点」になったら、次は全員が「65点」を取れるようにしていけばいいのです。

日本の企業では、プレーヤーとして優秀だった人材（80点以上取れる人材）がマネージャーになるのが一般的です。

するとマネージャーは、部下にも80点以上を求めます。ですが、60点の部下全員を瞬時に80点にすることは不可能です。

まずは、**60点未満の不合格をなくす。**そして、全員が60点を取れるようになったら、「全員で65点を目指す」のが正しい成長のあり方です。

プレーヤーとマネージャーとでは求められる能力も役割も違う

日本の企業では、優秀な社員がプレーヤーのまま、長のポストに就くことがよく見られます。現場の仕事も続けつつ、管理職になる。いわゆる「プレーイング・マネージャー（業務を受け持つ管理職）」です。

ですが、このような**「プレーイング・マネージャーは置くべきではない」**と考えます。「プレーヤーとして優秀ならば、マネージャーとしても優秀だ」というのは錯覚です。

プレーヤーとしての能力は、自分の仕事を高めていく能力（80点取れるように努力する）であり、マネージャーとしての能力は、部下全員に合格点（60点）を取らせる能力（多少の不出来には目をつぶる）です。両者は、求められる能力も役割も違います。

人間の能力はそれほど高くないため、プレーヤーとして「80点」を取りながら、部下全員に「60点を取らせる」のは、とてもむずかしい。

「プレーイング・マネージャー」にはならない

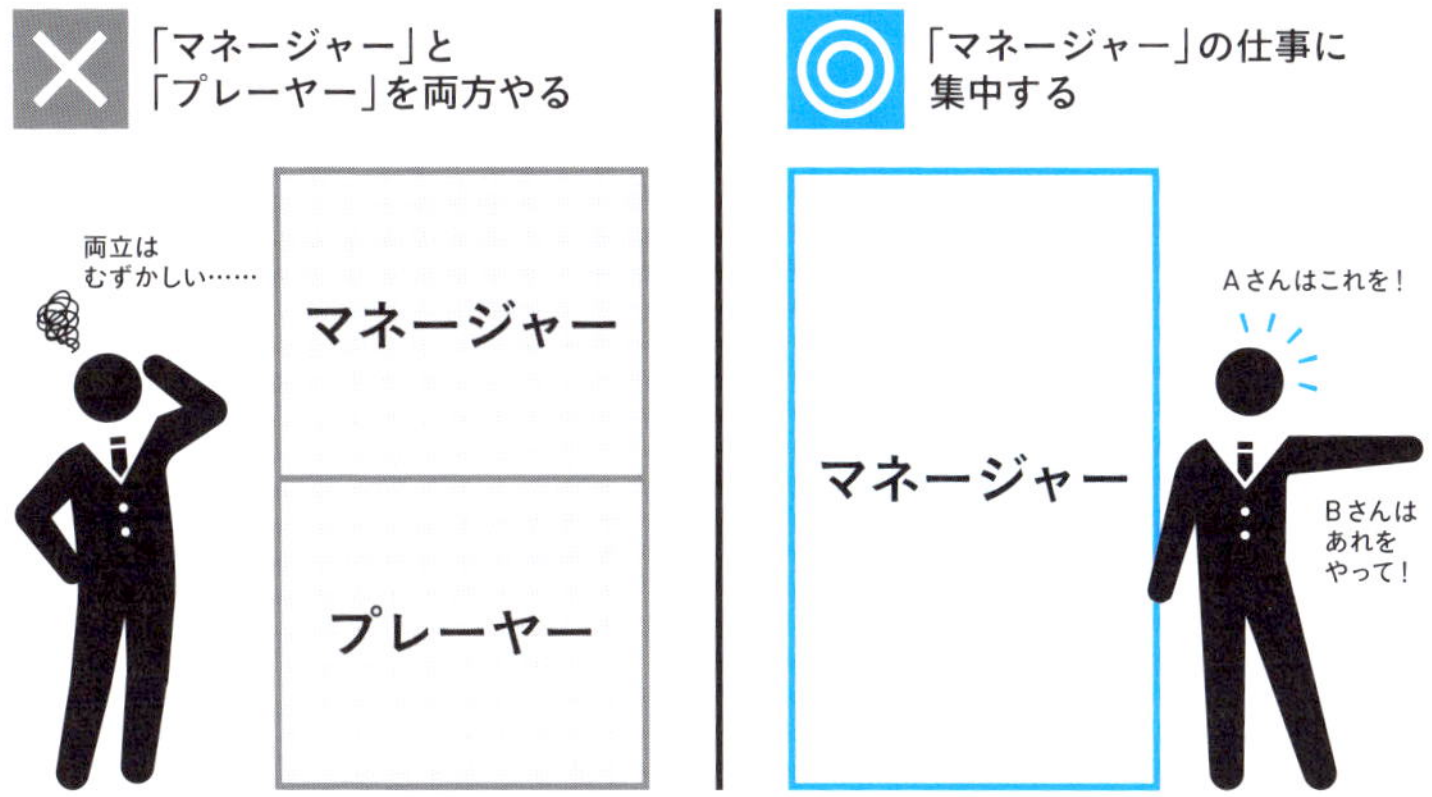

「マネージャー」と「プレーヤー」の両立はむずかしい

プレーヤーとしても優秀だった人が、マネージャーになっても優秀だとしたら、それは、その人がプレーヤーとマネージャーの違いを自覚し、**「プレーヤーとしての自分を捨て、マネージャーの能力を身に付けた」**か**「マネージャーに専念した」**からです。

プレーヤーとしても会社に期待されているという人も、せめて「部下の仕事は、60点で満足する」習慣を意識してみてください。

部下が「60点」取れているならば、合格点を与える。上司は、60点で我慢する度量を持つべき。

覚えておきたい

出口治明からのひと言！

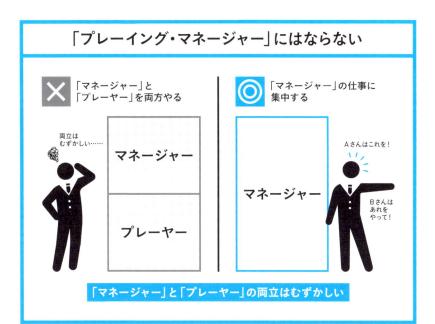

⑬「仕事を抱えてしまう上司」の残念な共通点

「他人に任せられない人」には3つの特徴がある

仕事を他人に任せられずに、「自分で抱えてしまう上司」がいます。自分で抱えてしまう上司には、次の3つの特徴が挙げられます。

①「人間の能力や使える時間は有限である」ことがわかっていない
②部下の仕事が「60点」では納得できない
③判断のスピードが遅い

①「人間の能力や使える時間は有限である」ことがわかっていない

「人間は元来アホな動物であり、一人でできることには限界がある」ことがわかっていません。だから、自分一人で何でもできると勘違いをします。

どれほど優秀な人でも、せいぜい「2～3人分の仕事」しかこなせません。

「自分の能力には限界がある」ことがわかっていれば、一人で仕事を抱え込んだりせずに、「誰かに任せよう」「協力してもらおう」と考えるはずです。

「他人に任せられない人」の3つの特徴

1 「能力や時間は有限」をわかっていない

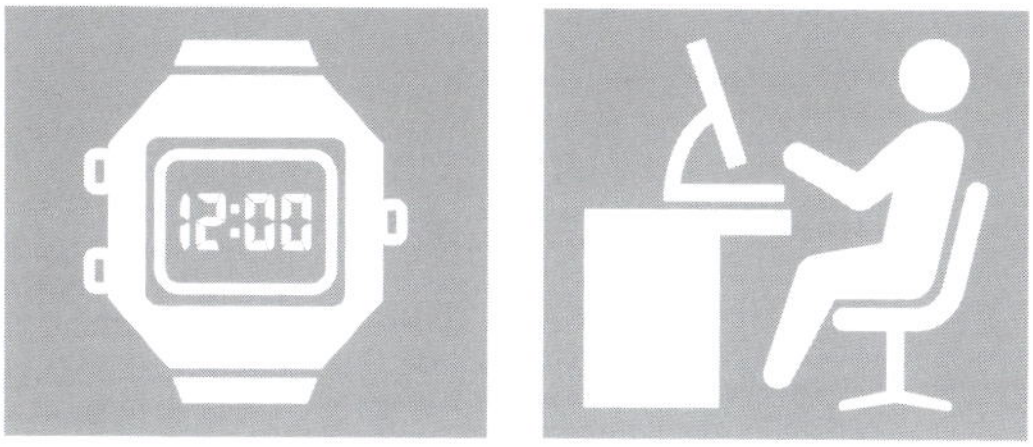
12:00

2 部下の仕事が「60点」では納得できない

60点
自分ならもっとできるのに……

3 判断のスピードが遅い

まずは自分で……
時間が足りないから……
これやって！

②部下の仕事が「60点」では納得できない

「自分だったら80点以上の仕事ができるのに、部下に任せると、60点しか取れない。だったら、自分でやったほうがいい」と考える人は、世の中に対する洞察が欠けています。

人間の能力も、時間も、資源も有限である以上、完璧な仕事などありえません。「60点取れていれば、合格」と割り切るべきです。「できていない40点」ばかりを気にしているから、仕事を任せることができないのです。

ただし、60点で満足していたら組織の向上は望めません。全員の60点を確認したら、次はプラス5点、10点と上げていくことが重要です。

③判断のスピードが遅い

一流のサッカー選手は、ボールが来た瞬間（あるいはその前から）、ドリブルか、シュートか、パスかを判断しています。そこで逡巡すると、敵に囲まれて、ボールを奪われるからです。

判断が遅れる原因の一つは、まわりを信頼していないことです。信頼をしていないため、「パスを出す」という選択肢よりも、「自分で局面を打開しよう」と考えてしまうのです。

部下を信頼していない上司は、「任せる」という選択肢が後回しになります。「自分でやったほうがいい仕事ができる」と考え、自分で抱えるのですが、そのうち時間が足りなくなり、あせり出す。あわてて部下に任せるものの、結果的には、時すでに遅し。「60点にも及ばない」状況に陥ってしまうのです。

仕事ができる上司は 判断が速く、的確なパスを出せる

一方、仕事ができる上司は、**「球離れ」がいい。**ボール（仕事）が自分の部署に来たら、「この仕

事は誰に任せようか」「あいつが得意そうだ」と、仕事の内容や状況をすぐに判断して、仕事を任せることができます。**自分で抱え込まず、部下を信頼し、仕事を任せる**ことができるのです。

ビジネスが市場に与える影響力を上げるためには、スピードを速くする必要があります。そのためにも、仕事は、できるだけ早く任せたほうが賢明なのです。

デキるリーダーになれる

任せ方のPOINT

1 「人間の能力や使える時間は有限である」ことを理解する

2 部下の仕事が「60点」なら、合格点とする

3 迅速に判断し、部下を信頼して、仕事を任せる

仕事ができる上司はすぐに「パス」を出す

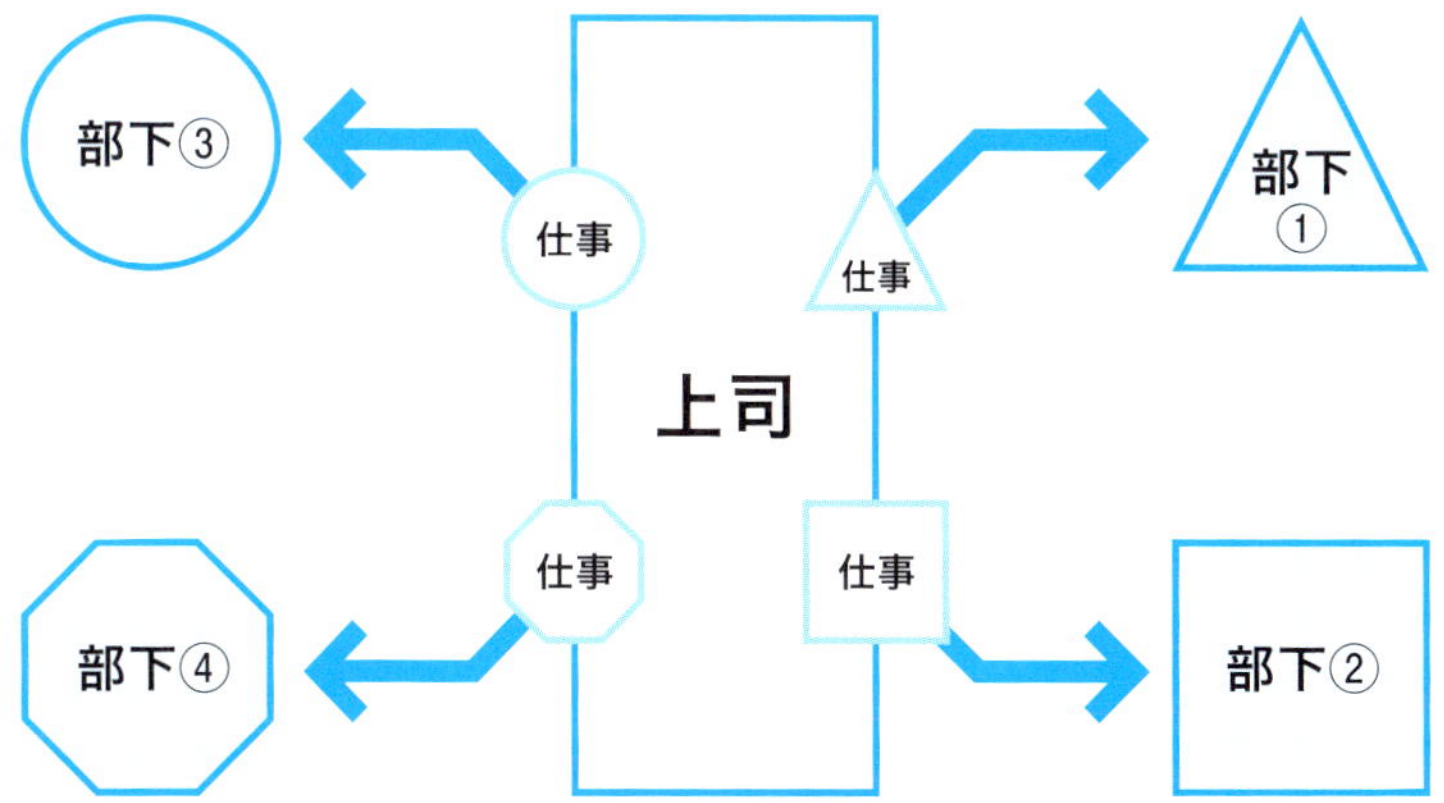

誰に何を任せるか、すぐに判断して仕事を任せる

⑭「必死に働く姿」を部下に見せているか？

上司が部下を信頼しても、部下にやる気がなければ意味がない

上司が、どんなに部下を信頼して仕事を任せたとしても、部下がやる気を出してくれなければ、「60点」以下の仕事しかしてくれないかもしれません。

上司が「プレーヤーとマネージャーの能力と仕事の違い」を理解し、的確に仕事を任せることができたとしても、部下が期待通りの仕事をしてくれるとは限りません。

では、どうしたら、部下はやる気を出してくれるのでしょうか？

どうしたら、部下は自ら進んで「仕事を任せてほしい」と思うのでしょうか？

どんなに上司が働きかけても、部下がやる気を出さなければ、意味がありません。

上司が部下を動かす（マネージャーがプレーヤーを動かす）方法は、次の3つに集約されると思います。

①上司を好きにさせる
②圧倒的な能力の違いを見せる
③必死に働いている姿を見せる

部下のやる気を引き出さなければ、意味がない

えっ？
えっ？
信頼
このパスを受けてくれ！
信頼
信頼

上司が部下を信頼しても、部下にやる気がなければ「60点」以下

上司が部下を動かす「3つ」の方法

①上司を好きにさせる

部下から「愛される上司」になることです。上司と部下の間で「男女の恋愛」のような関係を築くことができれば、部下は「好きな人のために、進んで働く」でしょう。

上司は、部下に愛されたら勝ちです。

「自分が何も言わなくても、部下は必死になって働いてくれる」ので、上司はラクができます。ただし、人が人を好きになるのは、本能的なものなので、とてもむずかしい。なかなか思うようにはいかないでしょう。

上司にとっては、実現できればもっともラクができる反面、もっとも確率が低い方法でもあります。

②圧倒的な能力の違いを見せる

圧倒的な力の差を見せつけられると、人は従うしかなくなります。上司の**能力がケタ違いだと、部下は上司に従う**しかありません。

「こんなにすごい上司にはかなわない」「すごい能力を持っているから、言うことを聞くしかない」と思わせることで、部下は動いてくれます。

ですが、人間の能力はちょぼちょぼで、上司も部下もそれほど変わらないので、この方法もむずかしいでしょう。

③必死に働いている姿を見せる

この方法がもっとも現実的です。部下から愛されているわけでもなく、圧倒的な能力を持っているわけでもないのなら、**「必死に働いている姿を見せる」**しかありません。

そして、「あの上司は、誰よりも一所懸命仕事をしている。いつも仕事のことを考えている。自分はあんなに仕事に打ち込んだことはない。あの上司にはかなわない」と思わせることができたとき、部下は上司の言うことを聞くようになるものです。

もちろん「忙しくしているフリ」ではダメです。口では良いことを言っても、行動がともなっていなければ、部下に見透かされます。

「建前は、絶対に部下に見破られる」と肝に銘じて、必死に働く必要があります。

デキるリーダーになれる

任せ方のPOINT

1 部下を動かすには、部下に愛される上司になる

2 部下を動かすには、圧倒的な力の差を見せつける

3 部下を動かすには、必死に働いている姿を見せる

部下を動かす「3つ」の方法

1 上司を好きにさせる

2 圧倒的な能力の違いを見せる

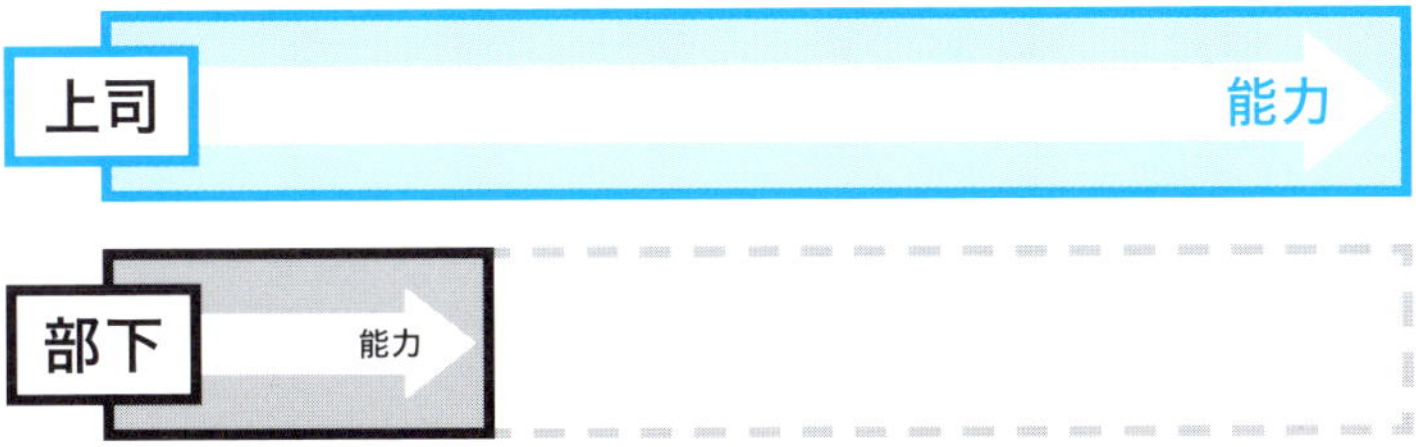

3 必死に働いている姿を見せる

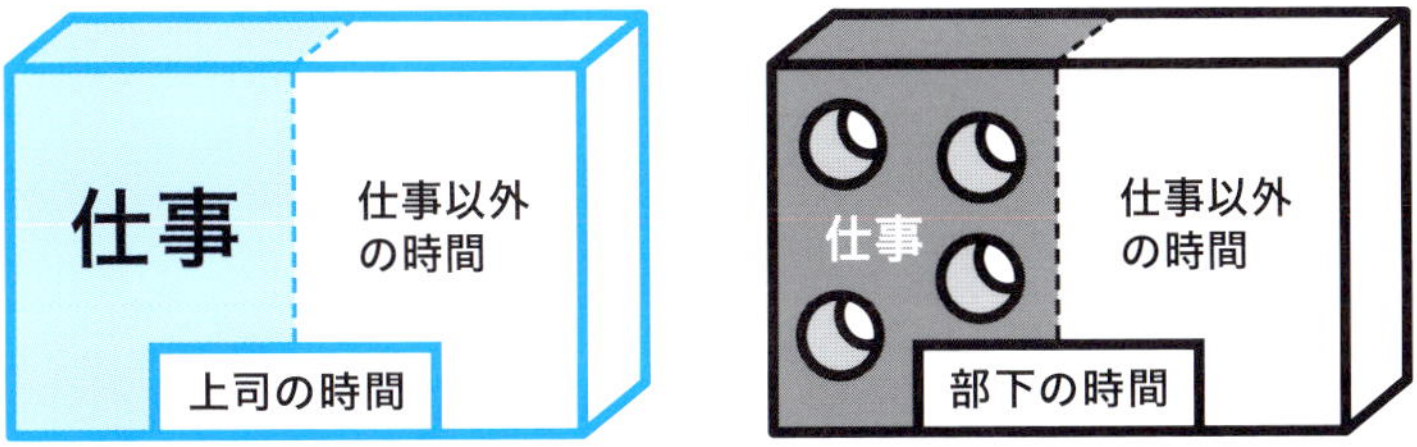

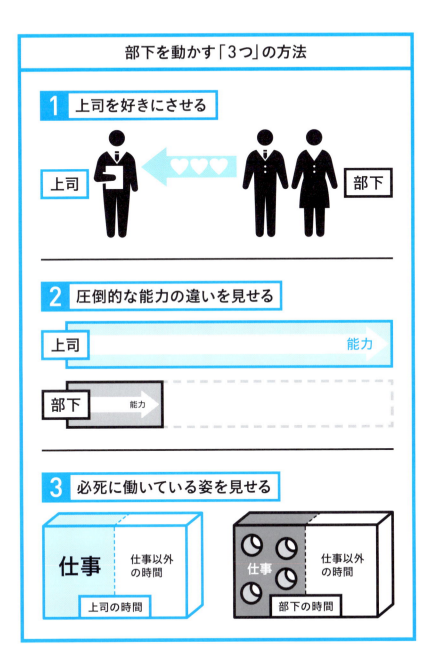

15 「攻め」が得意な部下には、「攻め」の仕事だけを任せる

人には「向き・不向き」があり「万能な人材」など存在しない

私がアメリカで、投資顧問業界のあり方を調査しているとき、「ファンドマネージャー（投資顧問会社の資産運用の担当者）」の育成に関して、とても興味深い話を聞きました。

話をうかがったA社の社長は、「どんな局面でも乗り切れるような、万能タイプのファンドマネージャーを育てるつもりはない」という考え方を持っていたのです。

人には「向き・不向き」があります。攻めが得意な人は守りが苦手で、守りが得意な人は攻めが苦手なものです。「万能な人材」など、いないのです。

だとしたら、**攻めが得意な人は攻めを、守りが得意な人は守りを極めればいい**のであって、「攻めが得意な人に守りを覚えさせたり、守りが得意な人に攻め方を教える必要はない」と、A社の社長は言い切ったのです。

「三つ子の魂百まで」と言われるように、人の性格は、そう簡単には変わりません。弱気な人

人には「向き・不向き」がある

✕ 「万能な人材」にしようとする

えっ？
サッカーだけ
じゃなく、
テニスもやってくれ

◎ その人に「向いている仕事」を任せる

Aくんには
これが
向いている
Bくんには
こっちがいい
はい！
はい！

に「もっと強くなってこい」と時間をかけて修練を積ませても、大きな変化は期待できません。

だとしたら、**その人に「向いている仕事」を任せたほうが成果は望めます。**

だから、上げ相場のときには強気のファンドマネージャーを、下げ相場のときには慎重なファンドマネージャーを起用する。

一人のファンドマネージャーに、上げ相場も下げ相場も任せるのではなく、2人を組み合わせながら、任せればいいわけです。

したがって、いまがどういう局面なのか（上げ相場なのか、下げ相場なのか）を察知し、局面に応じて「任せる担当者を変えていく」のが社長（上司）の仕事といえるでしょう。

私は、A社の社長の言う「人には、向き・不向きがある」「部下の得意なことを任せる」という考え方に賛成です。

ところが日本の企業の人材育成は、「得意なことをどんどん伸ばす」よりも「不得意なことをなくす」ことに傾いている気がします。

人材配置は「損得」で考えて「実利」を得る

たとえば、ハーバード大学のロースクールで法律を学んだ社員に向かって、「地道な苦労もしたほうがいいから、営業を一から経験してこい」「アメリカかぶれになっていないで、田舎の実情を見てこい」などと、不毛な精神論を振りかざしたりします。

グローバル化した企業であれば、このような人事はしません。この社員がすぐに成果を上げられるような人事をするでしょう。

「キミ、まだ年齢は若いけれど、法律を専門的に勉強してきたのだから、法務部の次長に抜擢《ばってき》するよ。会社のコンプライアンス体制をつくってほしい」と、**実利や、損得を考えた人材配置をする**はずです。

仕事を任せるときは「不得意なことではなく、得意なことを任せる」ほうが実利は得られます。

そして、その人の不得意なところは、「強制的にできるようにさせる」のではなくて、ファンドマネージャーの例のように、**「別の人」をあてがって、補えばいい**のです。

攻めが得意な人は攻めを、守りが得意な人は守りを極めればいい。「向いている仕事」を任せたほうが成果は望める。

覚えておきたい
出口治明からの
ひと言!

攻めが得意な人は攻めを、守りが得意な人は守りを

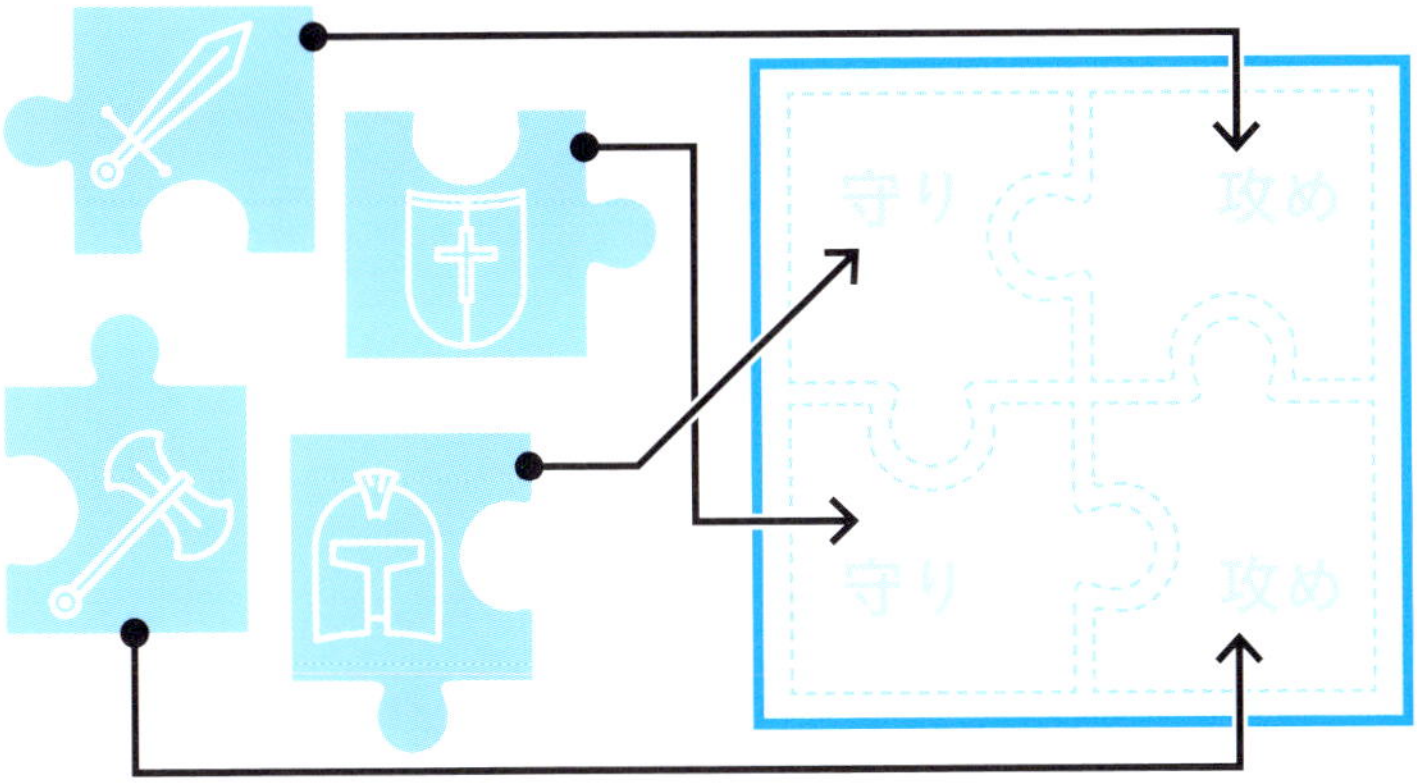

その人が得意なことを任せて、不得意なことは別の人で補う

16 部下の短所は「ほうっておく」

「長所」と「短所」はトレードオフ

「長所を伸ばして、短所をなくす」ことなど、「ありえない」と私は考えています。

長所や短所は、その人の「尖《とが》った部分」、すなわち「個性」です。

人はもともと、「尖った部分」を持っていて、三角形のように角張っています。ところが、「チクチクして痛い」という理由で角を削り、丸くしようとする人がいます。そして、「尖った部分」を削って丸くした結果、「面積が小さくなってしまう」のです。

人の意欲や能力は面積に比例します。ですから、上司は部下の「尖った部分」を削ろうとしないことです。

「長所を伸ばす」ことと「短所を直す」ことはトレードオフ（一方を追求すると、他方が犠牲になり、両立しない）です。**部下の「尖った部分」は「削るのではなく、そのまま残す」。人は「小さい丸より大きい三角形」**であるべきです。

「尖った人」ばかりでは、組織がまとまらないと思われがちですが、「丸くしないで、尖ったま

尖った部分を残したほうが、「強い組織」ができる

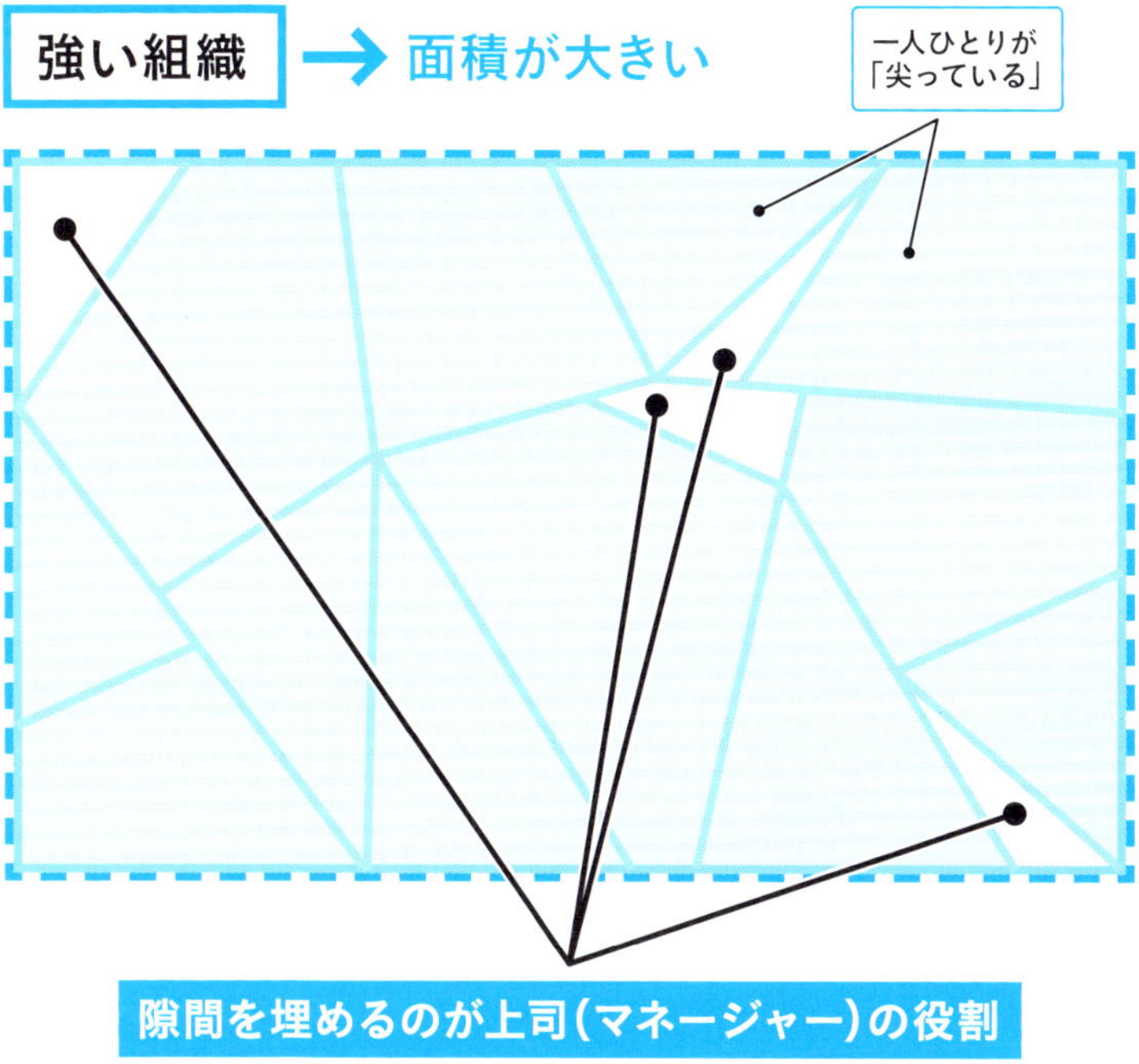

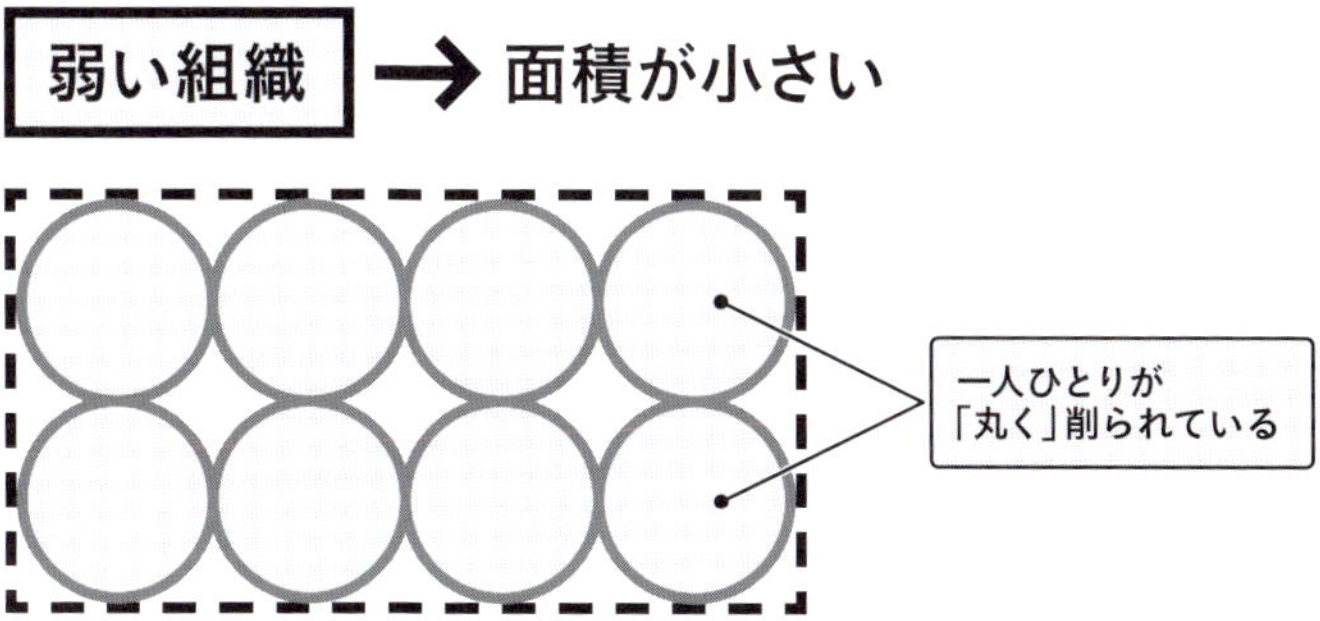

ま人を使う」からこそ、組織は強くなるのです。

戦国時代の「石垣」と同じです。自然の石を加工せず、そのまま組み合わせて積み上げ、石と石の隙間には「小さな石」を詰めて補強する。形の違う石を組むのは大変ですが、だからこそ、頑丈な石垣ができ上がったのです。

組織も同じです。仕事は一人ではなく、チームでするものです。形はさまざまでも、**組み合わせることで強い石垣がつくれればよい**のです。

組み合わせたとき、隙間ができてしまうのなら、**「小さな石」を入れて、埋めたり、つないだりすればいい。その「小さな石」こそ、上司（マネージャー）の役割**です。

部下の個性を無理に変えるより、個性を活かし、特長を組み合わせながら仕事をする。みんなを同じ形に整えてしまうと、個性も、強さも、失われてしまうでしょう。

苦手を克服するのではなく、得意なものを伸ばすべき

上司と部下の関係は、「任せ、任される」のが理想ですが、部下の中には、「仕事を任されたくない」と感じる人もいます。

すべての社員が管理職になるわけでも、なりたいわけでもありません。部下の価値観を無視して、上司の価値観を押し付けるのは、一種のパワーハラスメントです。

会社の業務の大半は、ルーチンワークと言えるでしょう。単純な事務作業をミスなくスピーディに行う人も、会社にとって大切な存在です。「責任の大きな仕事より、ルーチンワークで力を発揮したい」人には、マネージャーレベルの**責任の大きな仕事を任せてはいけない**のです。

「人には、得意・不得意がある」ことがわかっ

人は「得意なもの」を伸ばしていくべき

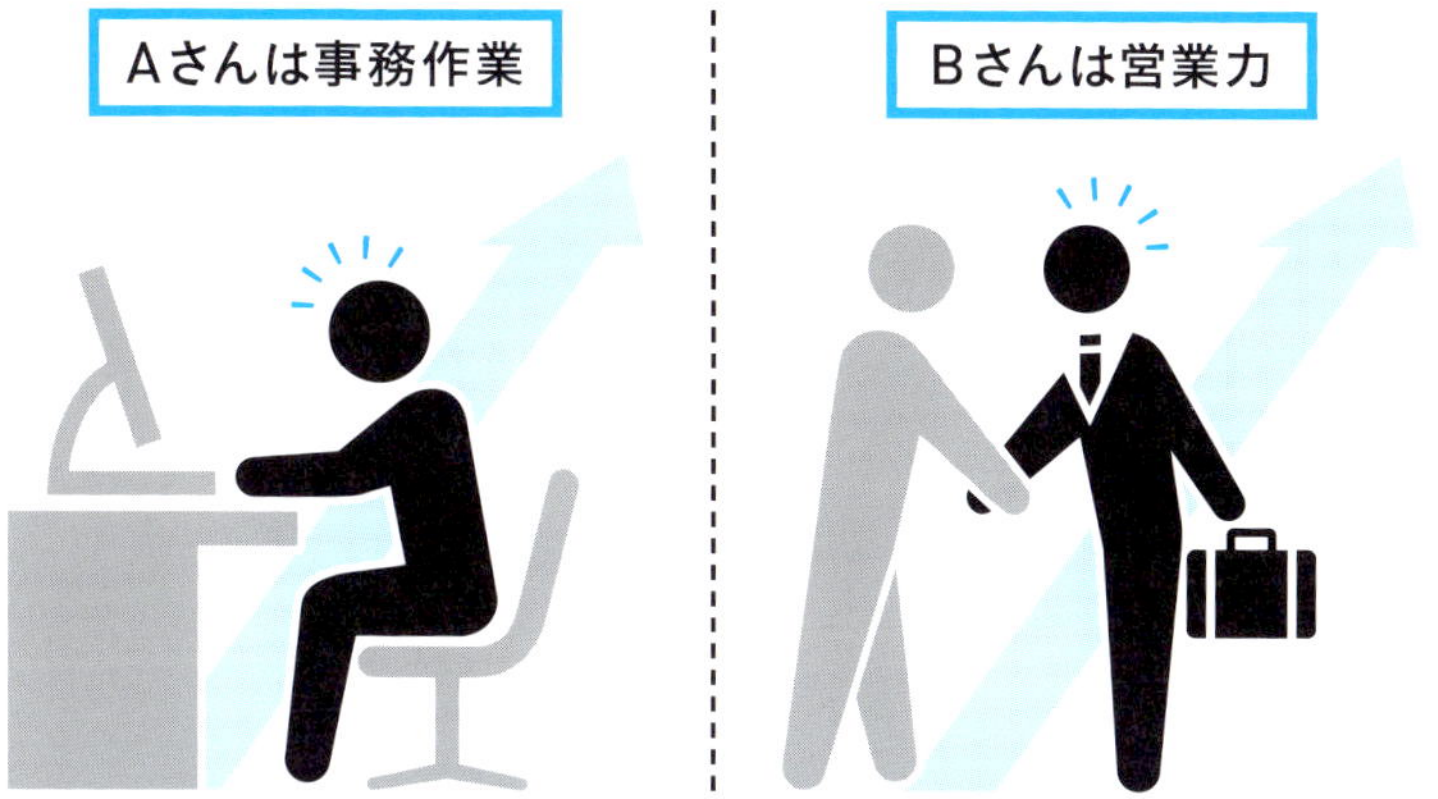
Aさんは事務作業
Bさんは営業力

苦手を克服するより、みんなが得意なものを伸ばしてチームをつくる

ていない上司は、「頑張って努力を続ければ、必ず苦手を克服できる」と考えがちです。ですが私は、この考え方に反対です。

人は「得意なもの」を伸ばしていくべきです。そして、みんなが「得意なもの」を伸ばしてチームをつくるのが、もっとも合理的です。

極論すれば、苦手は、克服しない。苦手なものは、誰かに補ってもらう。誰かに教えてもらう。チームは、そのためにあるのです。

人の「尖った部分」は「個性」。個性をそのまま活かし、さまざまな形を組み合わせるからこそ、組織は強くなる。

覚えておきたい
出口治明からのひと言！

⑰ 会社に「サボる社員」が必要な事情

「サボっている社員」がいる会社こそ、正常である

私は、「部下がサボるのは、上司が悪い」と思います。上司の基本を忘れ、部下に「仕事を与えていない」からです。上司は部下に仕事を任せ、忙しくさせるべきです。でも、残念なことに「サボる社員」を撲滅することはできません。

集団は、**「2割・6割・2割の割合で、3つのグループに分化される」**と一般に考えられています。いわゆる「2・6・2の法則」です。

①上位2割：高い収益や生産性を上げる優秀なグループ（一所懸命働くグループ／任されたいグループ）
②中位6割：上位とも下位ともいえない平均的な集団（普通に働くグループ）
③下位2割：実績や生産性が低いグループ（サボるグループ／任されたくないグループ）

興味深いのは、上位2割がいなくなると、残った8割の中で、再び「2・6・2」の割合で3つのグループに分かれることです。

同じように下位2割がいなくなっても、「2・

集団は「2:6:2」の割合に分かれる

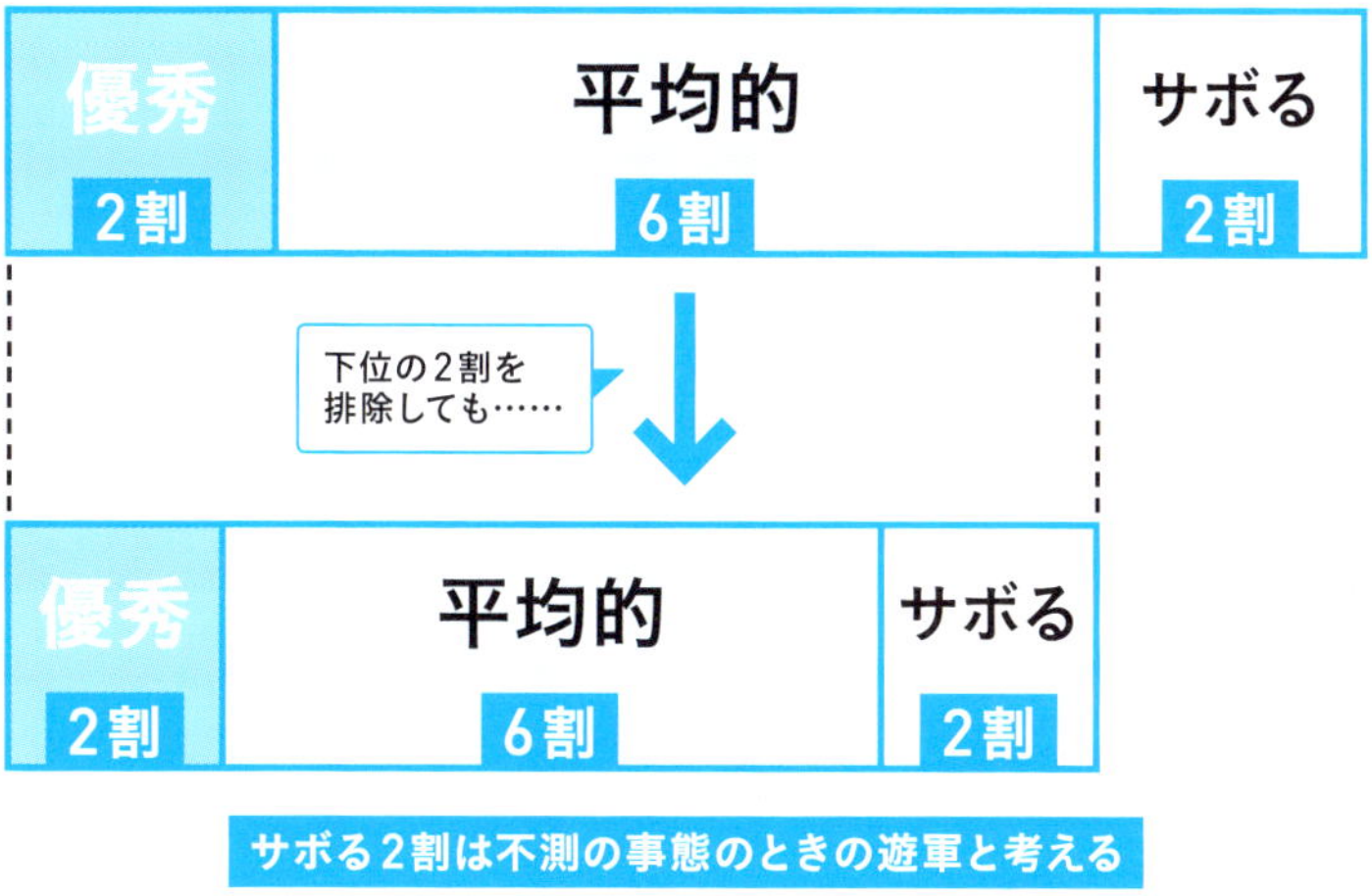

6・2」の割合になります。下位グループがいなくなれば生産性が上がると思いがちですが、そうではなく、残りの8割の中から、やはり下位グループが形成されるのです。

必ず「2割の下位グループ」が存在するのは、「緊急時や、不測の事態に対応するため」「余力を残しておくため」とする説があります。

不測の事態が起こって人手が足りないとき、上位の社員を投入できるとはかぎりません。

しかし、「下位グループ」(サボるグループ)なら、時間も体力も余っているので適任です。軍隊に「遊軍」(戦列外で、いつでも出動できるように待機している軍隊)があるように、会社にも遊軍が必要です。そして下位グループこそが、遊軍になりうるのです。

「2・6・2の法則」が正しいとしたら、**「下位2割」が存在していてこそ、むしろ正常な集団**

と言えるのではないでしょうか。

「下位2割」の「仕事を任されたくないグループ」を何が何でも排除しようとする上司は、社会のしくみや構造がまったくわかっていません。

人は100%の力で働くことはできない

ライフネット生命の開業前に、日本生命時代の大先輩から、社長になるための心構えを聞かれ、私は、「優秀な社員が集まったので、みんなに100%の力を発揮してもらって、いい会社にしたいと思います」と答えました。

すると先輩は、「100の力で働いたら、すぐ疲れてしまうだろう」と、私をたしなめました。「人間は、普段は30か40の力で働いているのだから、50で働けば十分。だからはじめは、**みんながが50くらいで働いて、少しずつ時間をかけて、50を55に、55を60にしようと考えるのが経営者だ。**いきなり社員に100%の力を発揮してもらおうなんて思ってはアカン」

当時の私は、人間と社会のリアルな関係を見切れていなかったのです。

人間は元来、怠け者です。そして社会は、「2・6・2の法則」でできている。そのことを受け入れたうえで、「誰に、どんな仕事を任せたらいいか」を考えるのが、上司の仕事なのです。

デキるリーダーになれる

任せ方のPOINT

1. 集団は、「2割:6割:2割」で、3つのグループに分化される
2. 「下位2割」のグループを排除する必要はない
3. 部下に力を発揮させるには、時間と段階が必要

人は「100」の力では働けない

⑱ 「適材適所」は、口で言うほどやさしくない

人材配置は、「部下の適性」と「周囲の状況」から判断する

人に仕事を任せるとき、上司は、次の「2つ」を見極めなければなりません。

①**部下の適性**（向き・不向き、得意・不得意、尖っている部分）

②**周囲の状況**（どのような局面なのか）

①**部下の適性**

仕事を任せるとき、上司は、**部下の適性に合わせて、任せる仕事の「内容」や「任せ方」を変えていく**必要があります。

そのためには、部下の尖った部分や得意・不得意を深く知っていなければなりません。

②**周囲の状況**

前述した投資顧問会社のA社の社長が、タイプの違うファンドマネージャーを組み合わせられたのは、「上げ相場か、下げ相場か」を正しく判断できたからです。相場の状況を読み解けなければ、どちらを抜擢すればいいのかわからなかったでしょう。

人材配置は「部下の適性」「周囲の状況」から判断

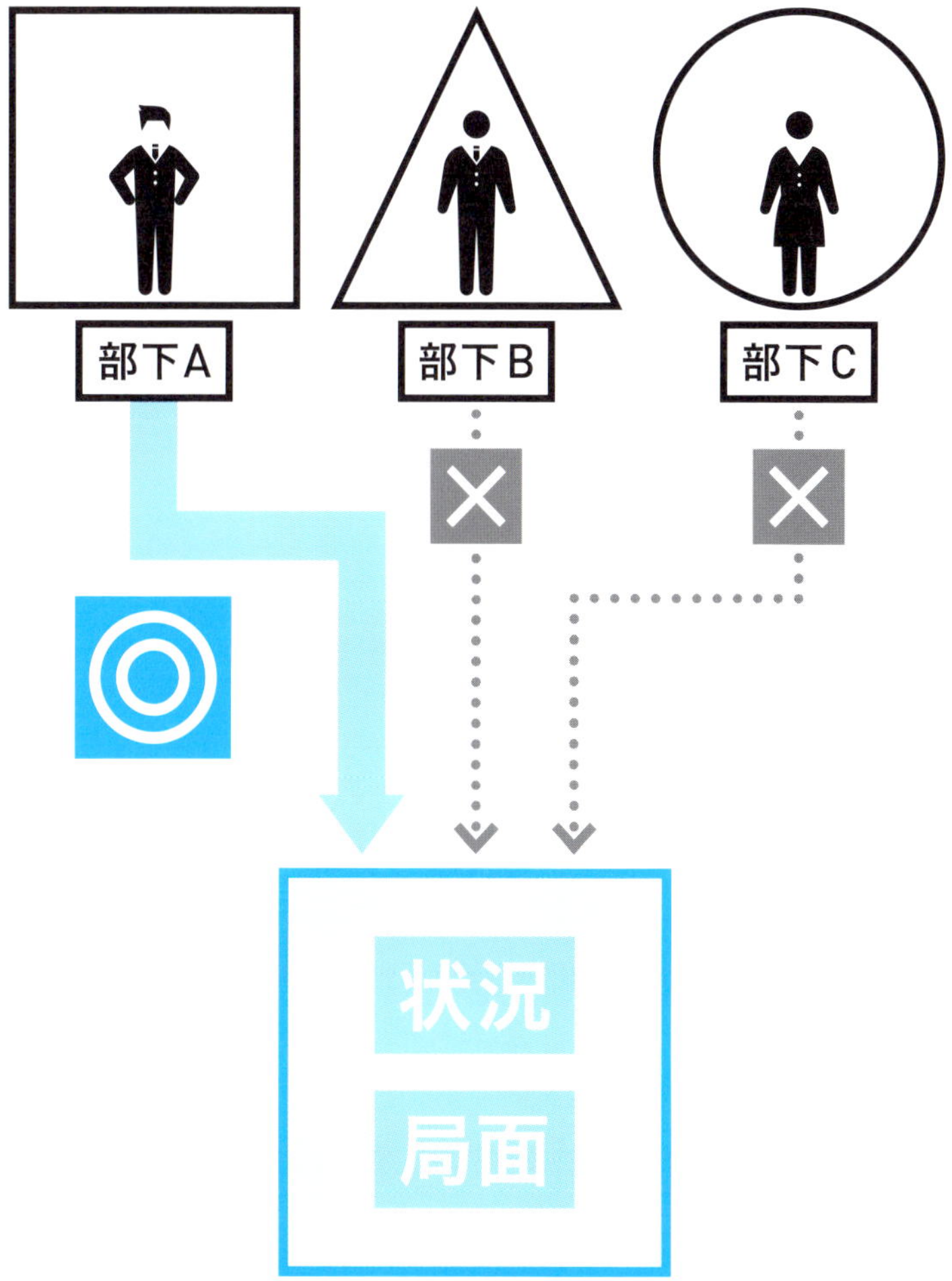

「□」の状況に適しているのは
「□」の適性を持つ部下A

「適材適所」は、口で言うほどやさしいものではありません。なぜなら、上司が、**「部下の適性」と「周囲の状況」を察する能力＝「洞察力」**を持っていないと、実現できないからです。

適材適所に必要不可欠な「洞察力」を高める

洞察力を身につけたいなら、経験やインプットの蓄積が不可欠です。

人間の脳は良くできています。物事を考えるときも、頭の中にたくさんのインプットがあれば、類推しやすい。脳が引き出しから勝手にいろいろなものを選んで、組み合わせるからです。

たとえば、土地を評価するとき。「駅から徒歩15分で、大きな公園があるA町の土地」を評価するには、似たような土地がなかったかを思い出してみるのが手っ取り早い判断方法でしょう。

不動産業者は、「B町の同じような土地が、坪100万円だった」「C町のは10年前に坪80万円だった。いまなら2割は上がっているから、100万円くらいか」など、たくさんの土地を知っている＝インプットが多いほど、評価しやすくなるわけです。

人間社会のおもしろいところは、「すべてに通じるハウツーはない」ことです。

基本的なやり方はあったとしても、それがどの局面にも通用するわけではなく、**「状況や関係性の中で、どれがいちばんいい方法か」**を考え、局面ごとに対応していくしかないのです。

ですから、「上手に任せられる人」になりたいのなら、「人間と社会に対する洞察力を高める」ことが重要です。

「社会の成り立ち」「自分が置かれた状況」「状況を打開するためにできること」「誰に、どのように任せるか」を考える力が必要なのです。「適材適所」はとてもむずかしい。会社の状況、社会の流れと変化、部下の適性などをすべて読み、「最適な人材を、最適な場所に、最適なタイミングで配置」しなければならないからです。

要するに、人に会い、本を読み、旅を重ねて、人間とその社会に対する洞察力を高め、**「人間」と「社会」の本質を読み取ることができなければ、適材適所はかなわない**のです。

デキるリーダーになれる

任せ方のPOINT

1 適材適所をかなえるには、「部下の適性」を深く知る

2 いまがどんな局面なのか、「周囲の状況」を把握する

3 経験やインプットを蓄積し、「洞察力」を高める

「適材適所」をかなえるには「洞察力」を高める

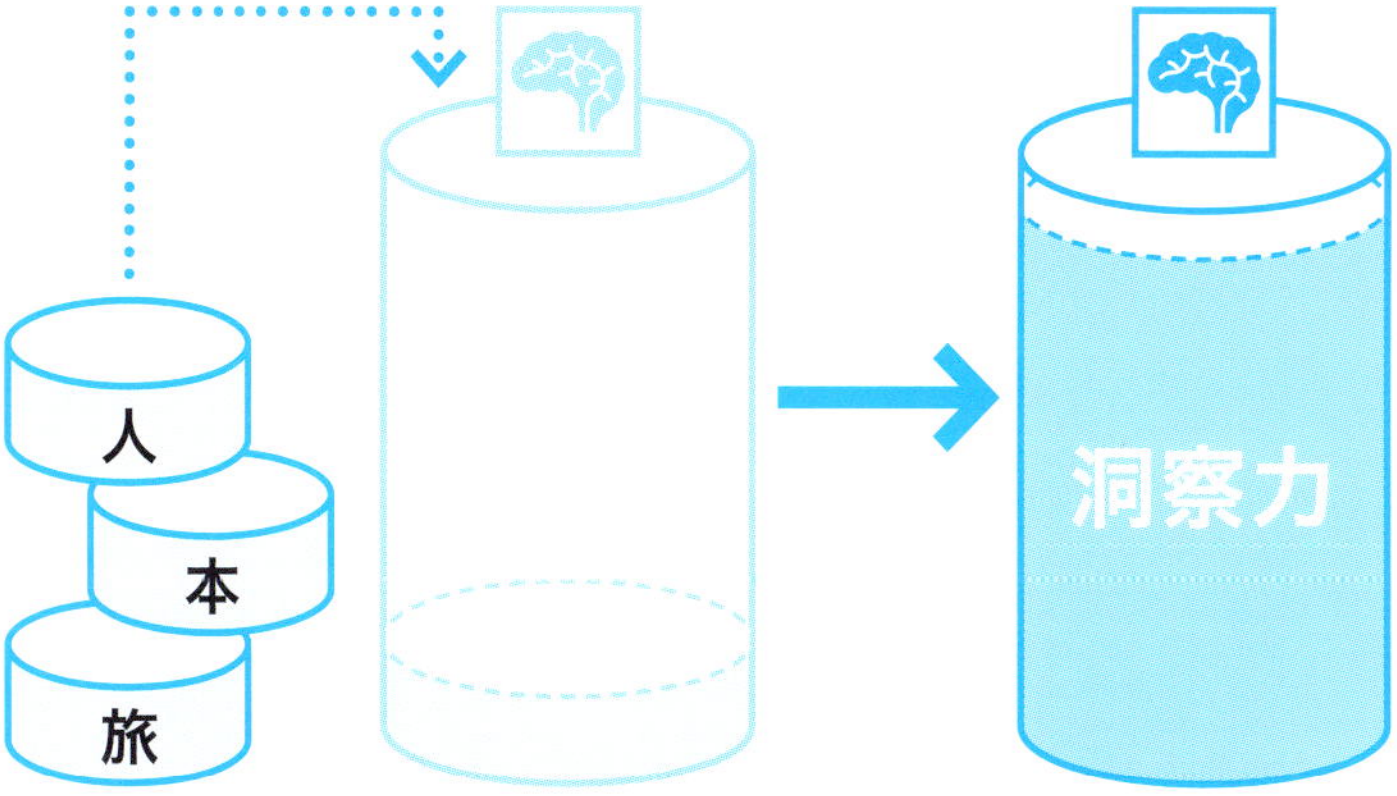

インプットの蓄積が多ければ、正しい判断がしやすくなる

⑲ 「アホな上司」ほど精神論を振りかざす

部下のタイプを見極めたうえで仕事を任せる

人間の特性は、大きく**「鉄タイプ」と「瓦《かわら》タイプ」**に分かれると思います。

- 鉄タイプ……仕事に負荷をかけるなど、叩いたほうが伸びるタイプ
- 瓦タイプ……時間をかけながら、じっくり育てたほうが伸びるタイプ

「鉄タイプ」は叩いて鍛え、「瓦タイプ」は時間をかけ、少しずつ鍛えていきます。

上司は、部下が「鉄タイプ」か「瓦タイプ」かを見極めたうえで、仕事を任せるべきです。

たとえば部下が「瓦タイプ」であることを見抜けずに、金槌で叩いてしまっては、土くれとなり、役に立ちません。

一方、鉄タイプの部下を鍛えるときは、**「負荷をかける」のがいちばん**です。

日本生命時代、部下に与えた負荷の一つが、業界の学術誌に「論文を書かせること」でした。

なかには、「忙しいのに、論文まで強制されるのか」と不服そうな態度を取る部下もいます。

そんなとき私は、「謝礼がもらえるし、自分の

タイプに応じて鍛え方を変える

鉄タイプ → 負荷をかけて、叩く

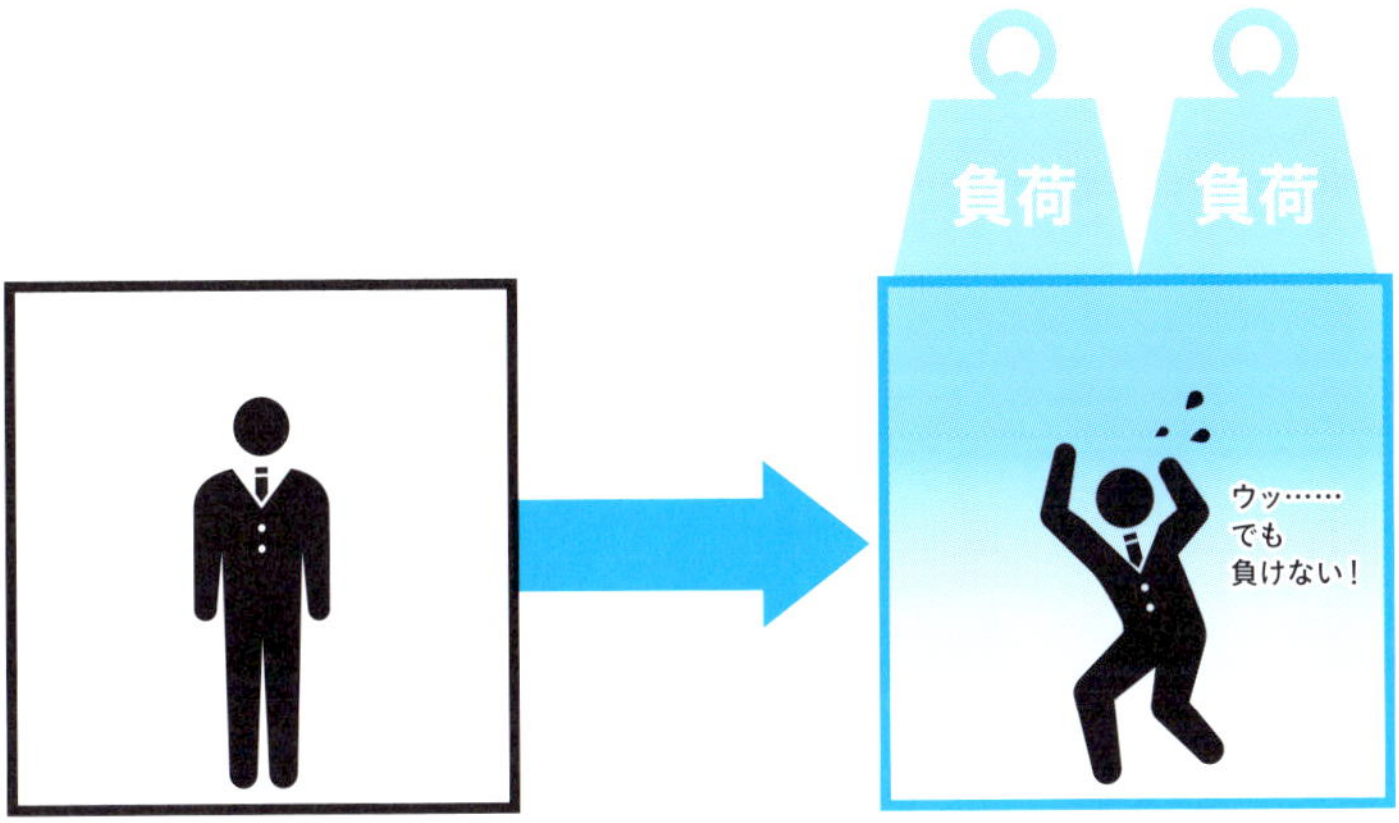

瓦タイプ → 得意な部分を少しずつ伸ばす
（時間をかけて、じっくり育てる）

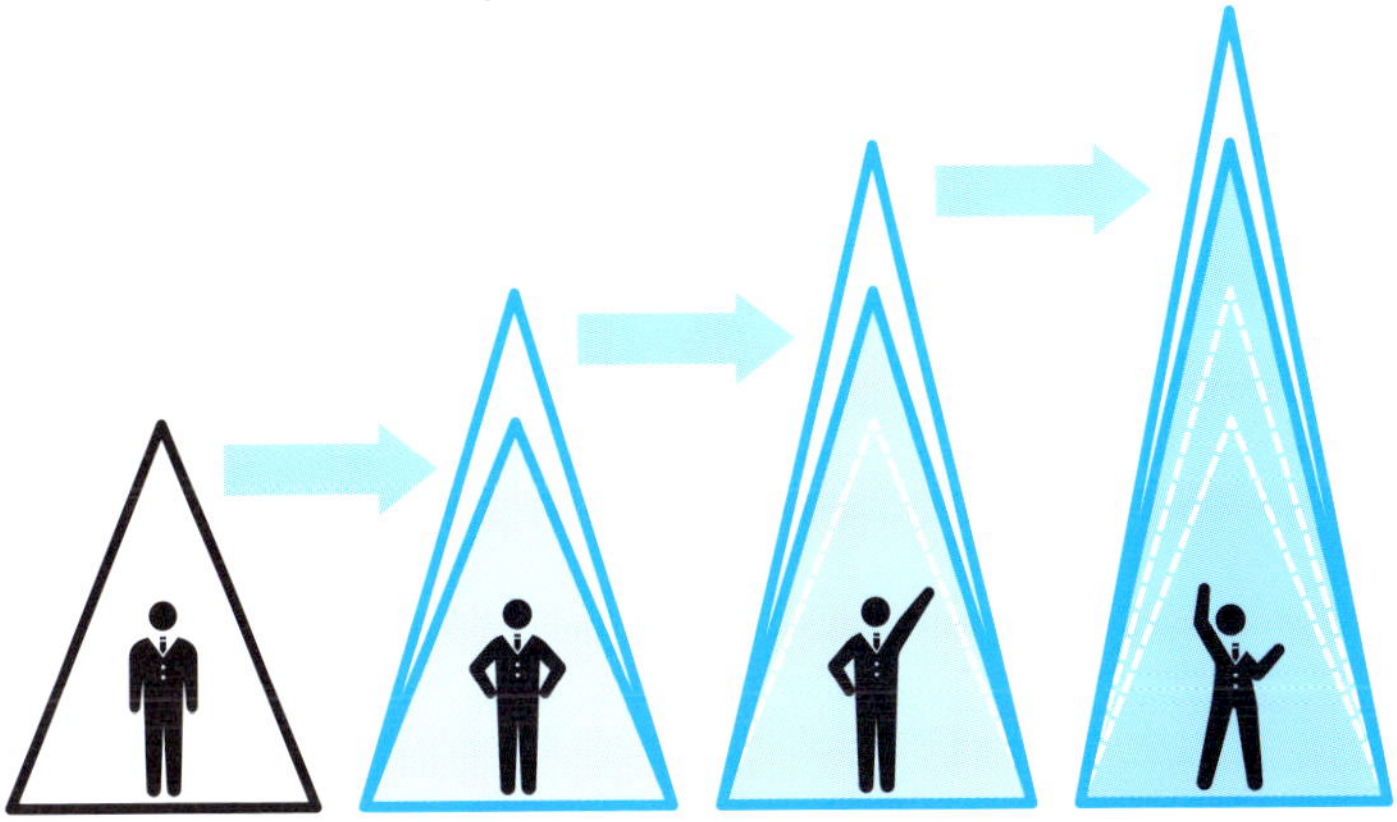

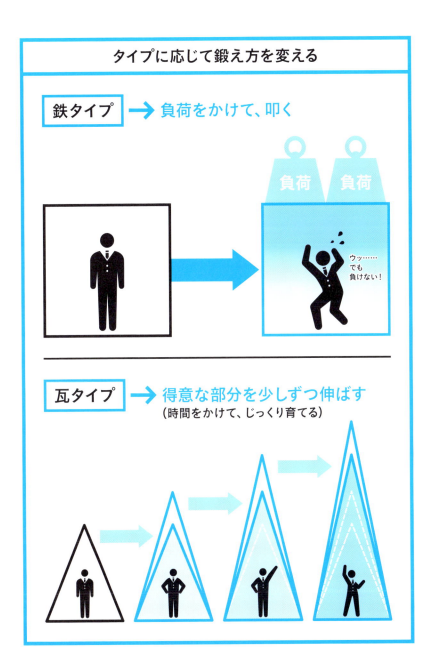

勉強になる。お金ももらえて、賢くなってトクやし、優秀賞に選ばれたら、人事の評価もよくなるぞ」というロジックで説得していました。
するとすると、難色を示していた部下も「なるほど！」と言って書きはじめるのです（笑）。

不毛な精神論を振りかざしても人は育たない

　鉄タイプを鍛えるには、金槌で叩いて強くし、「鋼《はがね》」に変えていきます。ただし、叩くときは負荷だけでなく、インセンティブ（やる気を起こさせる報酬）を用意しておくことが大切です。本人が納得して、「自分のためにもなるから、頑張ろう」と思わせるしくみが必要です。

　不毛な精神論を振りかざして部下を叩くのは、最低な鍛え方です。「100人と名刺交換するまで帰ってくるな」などと強要するのは、パワハラそのもの。**「必死に仕事に打ち込む」ことは、原則として自発的であるべき**です。「オレが鍛えてやる」とか「オレの背中を見て育て」と言う上司は、ただのアホです。「背中に何があんねん。何も見えへんやないか」と言いたくなります。

　山本五十六（海軍大将）が残した名言、

「やってみせ、言って聞かせて、させてみせ、褒めてやらねば、人は動かじ。話し合い、耳を傾け、承認し、任せてやらねば、人は育たず。やっている、姿を感謝で見守って、信頼せねば、人は実らず」

　にあるように、相手を信頼し、任せるからこそ人は育ちます。根拠のない精神論では、決して人は育たないのです。

　瓦タイプの人材を鍛え、「割れにくい瓦」にするには、まず、「叩かない」こと。鉄と違い、瓦

相手を信頼し、任せるからこそ人は育つ

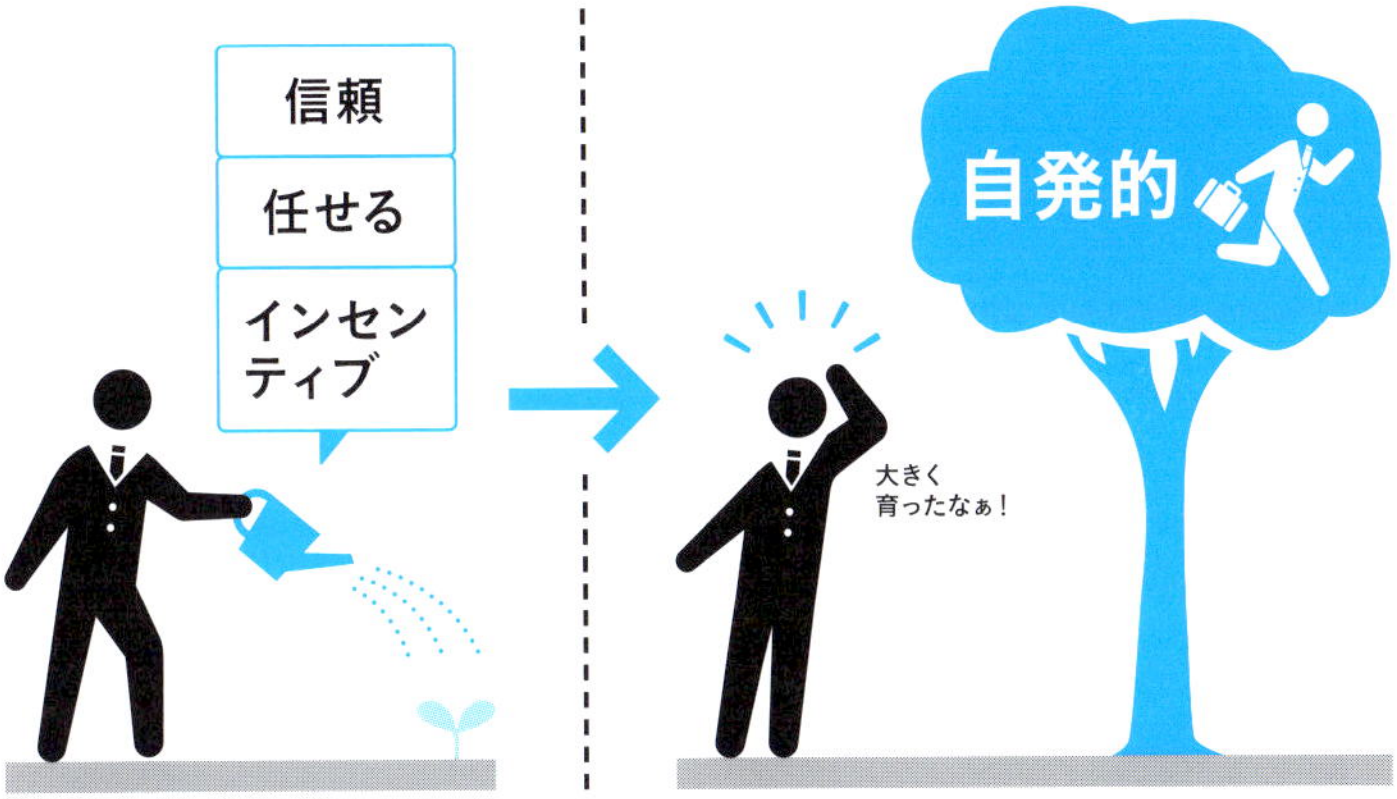

精神論を振りかざすのではなく、部下の「自発的」なやる気を引き出す

は、強く叩いた瞬間に割れてしまいます。

それから、**「角を削らない（短所を直さない）」**。角を削ると個性までなくなるので、短所をなくすのではなく、長所を伸ばします。

そして、「得意なこと、向いていること」を任せる。ただし、簡単な仕事ばかり任せていては成長につながりません。少し背伸びするくらいの仕事、感覚的には、**部下の能力の1割増くらいの仕事**を任せるのが理想です。

相手を信頼し、任せるからこそ人は育つ。合理的な根拠のない精神論では、決して人は育たない。

覚えておきたい 出口治明からのひと言！

20 残業時間が自然と減る――「部下の生産性が上がる」評価基準とは？

日本人の労働時間は長いのになぜ、生産性は低いのか

日本人の一人当たりの総労働時間数（2013年）は、「年間平均1735時間」です。イギリス（1669時間）、フランス（1489時間）、ドイツ（1388時間）と比べると、労働時間が長いことは明らかです。一方で、日本の労働時間1時間当たりの生産性は、「41・3ドル」。アメリカ（65・7ドル）、フランス（61・2ドル）、ドイツ（60・2ドル）に比べて、生産性が低いことがわかります（OECD調べ）。

長時間働いているのに、生産性が低い理由として、**「残業による疲労の蓄積」**が考えられます。日本の残業時間は、フランスの約3倍。疲労が蓄積した結果、生産性が下がっているのです。

スウェーデンのある学者は、「短時間に集中して取り組んだほうが、労働生産性は向上する」と断言していました。

日本人は、「働けば働くほど、生産性が上がる」と考えがちです。しかし、この考えに科学的な根拠はありません。

日本の企業に残業が多いのは、「長時間働く人は偉い」という間違った認識と、上司の「マネジメント能力」の不足が考えられます。

終身雇用&年功序列体制の下では、「上司よりも先に帰ってはいけない」という空気感が醸成されやすい。「上司と一緒に遅くまで残る社員」「残業や休日出勤を嫌がらない社員」が評価されてしまうのです。

「若手社員は誰よりも早く会社に来て、誰よりも遅くまで会社に残るものだ」とする論調は、誤った精神論だと私は思います（ときには、寝食を忘れて仕事に打ち込むことも大切ですが、それは社員の自発的な行動の結果であるべきで、上司が押しつけるものではありません）。

また、「要員が不足している」「一部の部下に仕事が偏っている」「無駄な会議が多い」などの理由で、労働時間が長くなっています。

仕事を過不足なく割り振ったり、要員のバラ

総労働時間と労働生産性

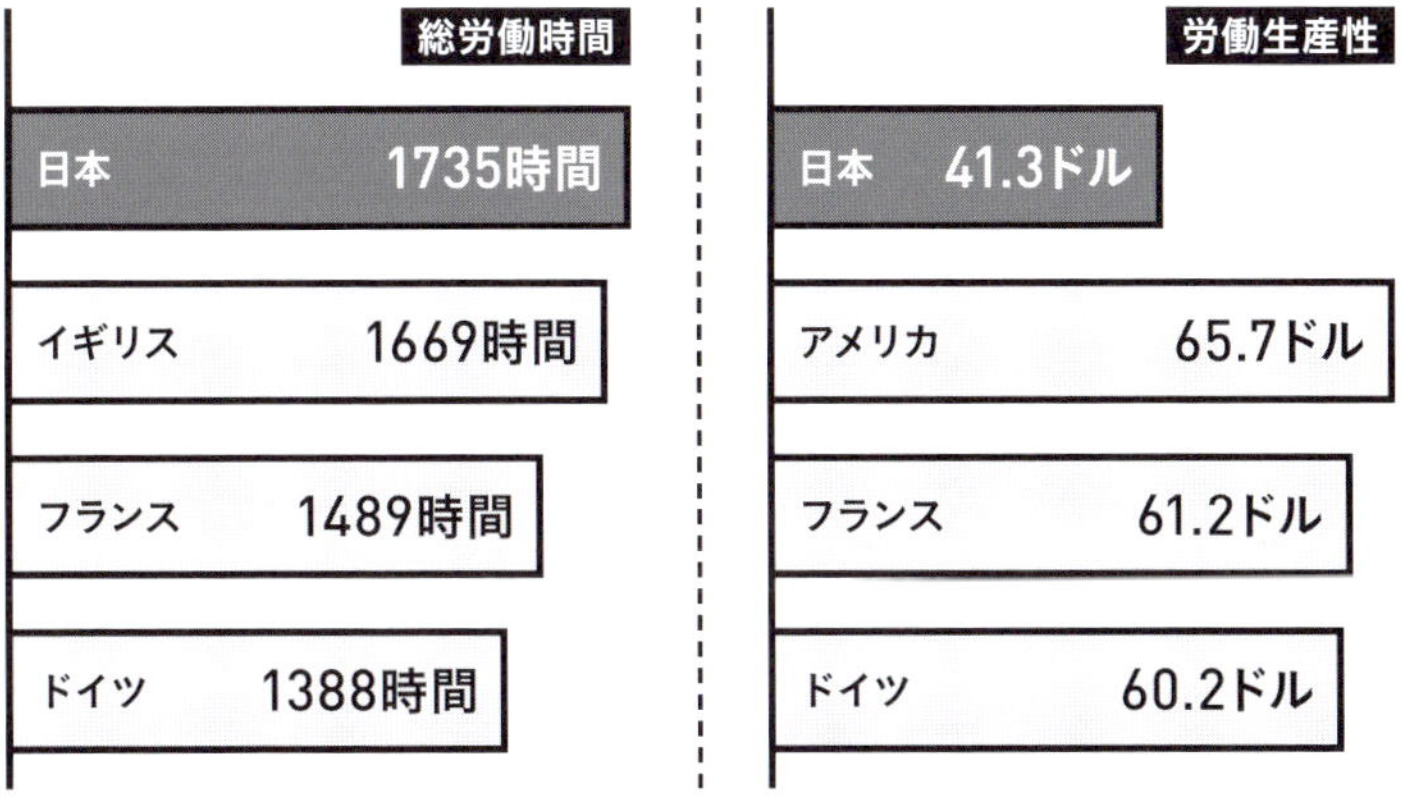

日本の残業時間はフランスの3倍だが、1時間当たりの生産性は低い

ンスを保つのは上司の役割です。それができないのは、上司のマネジメント能力の不足です。

評価基準を変えなければ、労働生産性は高まらない

「残業」を減らす（なくす）ためには、**「評価基準を変える」**ことです。

「何よりも大事なのは、労働生産性の向上であって、残業時間は評価の対象にならない」ことを明確にすべきでしょう。**労働時間から「労働生産性」に焦点を変える**のです。

ダラダラ働いても、成果は上がりません。あらゆる医学的所見が、「若い人であっても、長時間労働をすると、注意力や生産性が低下する」ことを明らかにしています。

上司のマネジメント能力が不足しているのなら、「情報をシェアする会議は30分以内、何かを決める会議は1時間以内」「残業は原則禁止。上司の許可が必要」などの「社内ルール」を明文化し、「残業をしないしくみ」をつくることが大切です。

上司は、部下に「つきあい残業」を強いてはいけません。**上司が考えるべきは、「部下の労働生産性を高めるには、どうしたらいいか」**に尽きるのです。

デキるリーダーになれる

任せ方のPOINT

1 「長時間働く人は偉い」というのは間違った認識

2 上司のマネジメント能力が低いと、長時間労働になる

3 「評価基準」を変えなければ、「労働生産性」は上がらない

評価基準を「労働生産性」に変える

ダラダラ労働の禁止
部長
部長がいるから帰りづらい……
もう19時なのか……
短時間に集中して取り組む
今日の会議は14時30分までだ
はい！
はい！
•会議は〇分以内
•残業は原則禁止

㉑ 統率力とは「丁寧なコミュニケーション」のこと

リーダーの条件とは「強い思い」「共感力」「統率力」

ある役員が、社長から新規プロジェクトを任されたとします。その役員が本音では、「面倒だが、社長の命令だから断れない」と思っていると、そのプロジェクトは失敗するでしょう。なぜなら、「リーダーの条件」に満たない上司の下では、部下は力を発揮できないからです。

リーダーの条件には、**「強い思い」「共感力」「統率力」**の3つが不可欠だと考えられます。

①「強い思い」

3つの中で、真っ先に求められるのは、「これだけは何としてもやり遂げたい」という**「強い思い」**です。

「志」と呼んでもいいでしょう。

仕事をする以上、**「この世界をどのようなものとして理解し、どこを変えたいと思い、そのために自分にできること（やりたいこと）は何か」**を認識して、志を持つべきだと思います。

ですが世界は広いので、一人ですべてを変えることはできません。その世界の中で「自分がすべきことは何か」を考える必要があります。

リーダーには「3つ」の条件が必要

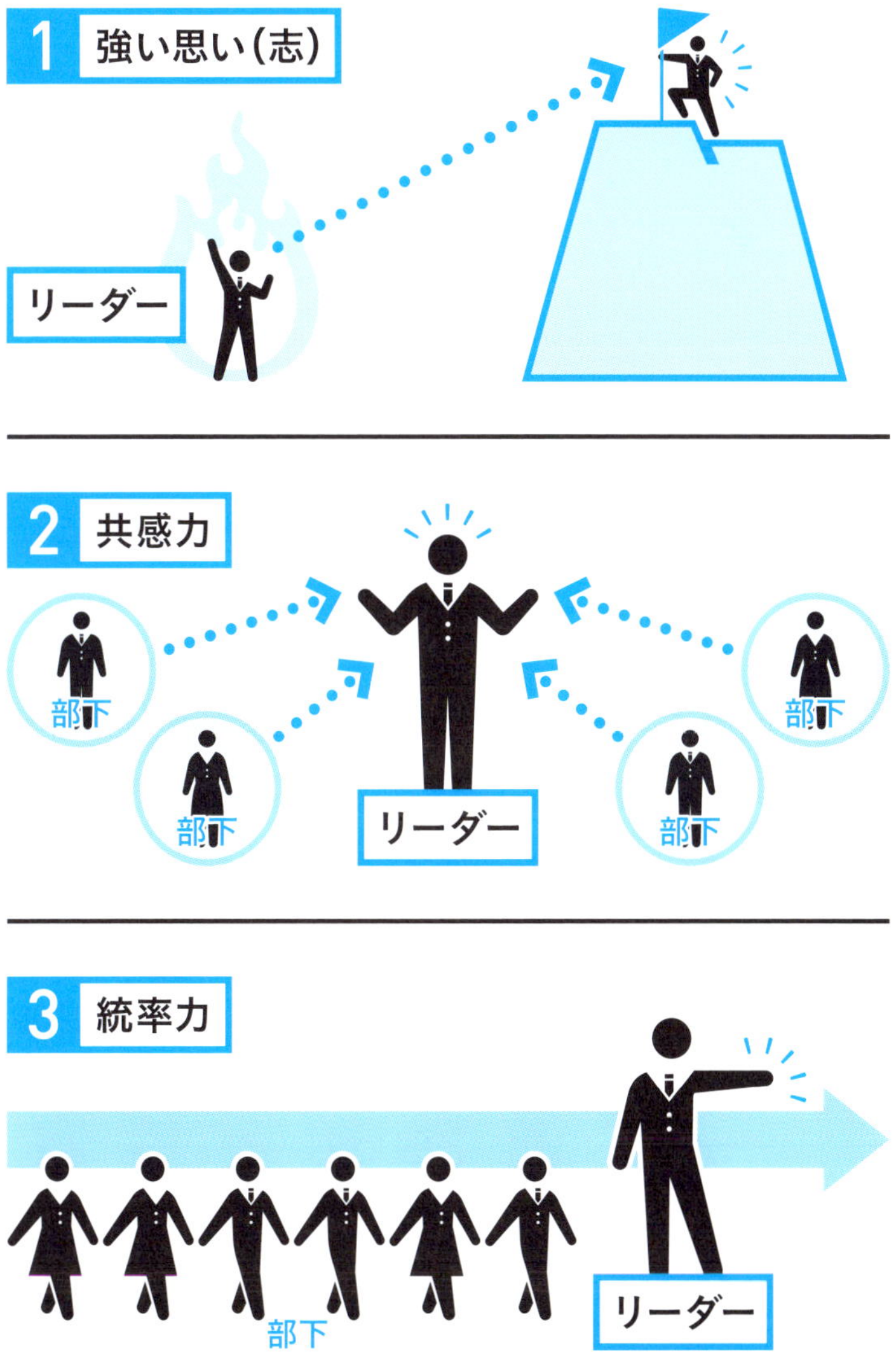

神様であれば、すぐに世界を変えることができるでしょうが、人間には無理です。ならば、自分のできる範囲で、世界をもっと良くしたいと考え、動くしかありません。

「志を持って、自分にできることをやり抜く」ことが、人間が生きる意味であり、働く意味であり、会社をつくるすべてだと私は考えます。

②「共感力」

何事かを成し遂げようと思っても、一人では、できません。

他人の助けを借りるには、リーダーが自らの「強い思い」を吐露し、説明・説得して、自分の考えに共感を得られなければなりません。

「なぜそれをやりたいのか」「どうすれば実現できるのか」を説明し、共感を得る能力がリーダーには必要です。不平不満を口にするようでは、部下の共感を得ることはできません。

③「統率力」

どんなプロジェクトでも、山あり谷ありは避けられません。ですから、何事が起ころうともへこたれずに、仲間を目的地まで引っ張っていく「統率力」が求められます。

「最後まで引っ張っていく」といっても、「黙ってついてこい」といった強権力では意味がありません。「統率力」は、むしろ「丁寧なコミュニケーション力」と言い換えることができます。

弱っている部下がいれば、「大丈夫か？」と気遣う。周囲の環境変化や状況を観察したうえで、部下に声をかける力が真の統率力なのです。

リーダーが知るべき「人間の本質」とは？

「強い思い」「共感力」「統率力」のリーダーの必要条件のうち、とくに、**「強い思い」を持たな**

リーダーの条件を身につけるには「人間の本質を知る」

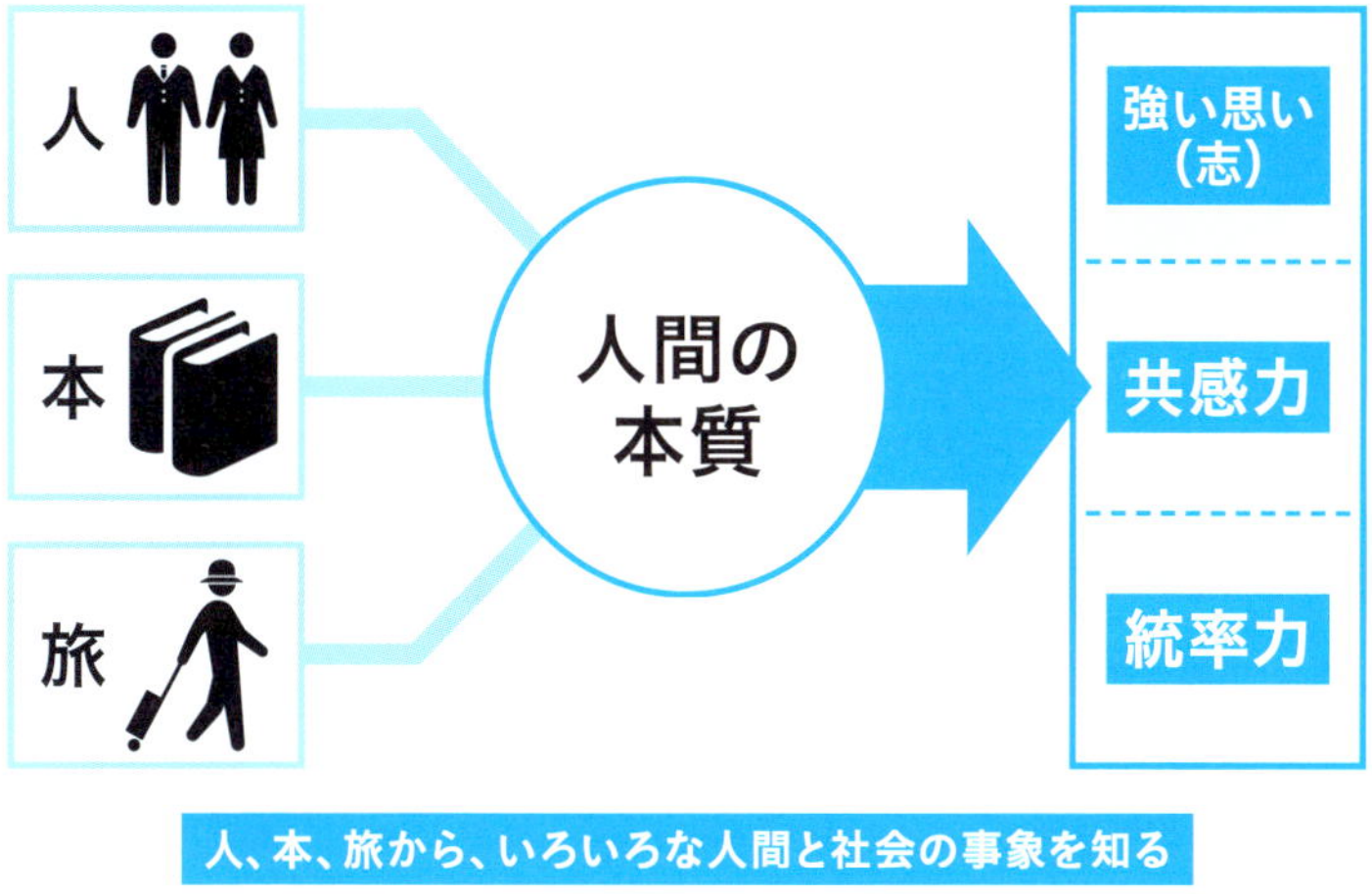

い人は、リーダーになるべきではないでしょう。

この3つの条件を身につけるには、「人間の本質を知る」ことです。

「人間はどういう動物で、どのように行動するのか」を理解しなければなりません。

「人間の本質を知る」には、**「たくさん人に会い、たくさん本を読み、たくさん旅をして、いろいろな人間と社会の事象を知る」**ことに尽きると思います。

「リーダーの条件」を身につけるには、「人」から学ぶ、「本」から学ぶ、「旅」から学ぶ。

覚えておきたい
出口治明からのひと言!

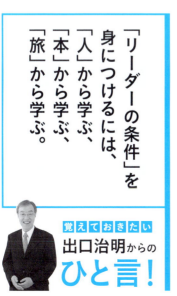

第3章 「プレーイング・マネージャー」になってはいけない まとめ

1. 部下の仕事が「60点」ならば、合格点。上司は、60点で我慢する度量を持つべき

2. プレーヤーとマネージャーは、求められる能力も役割も違うので、両立すべきではない

3. 人間の能力や時間は有限であることを理解し、上司は、迅速に判断し、仕事を任せるべき

4. 上司は、必死に働いている姿を見せることで、部下のやる気を引き出し、動かす

5. 得意なことを任せ、苦手なことは別の人で補う。向いている仕事を任せたほうが、成果が出る

6. 「適材適所」をかなえるには、部下の適性を知り、周囲の状況を察する「洞察力」が必要

7. リーダーの条件とは、「強い思い（志）」「共感力」「統率力」を持つこと

第4章

この上司力で「チームの実力」を一気に上げる

22 「新しいアイデア」は「他人の頭の中」にあった！

「若い世代に任せる」効用——ダイバーシティ

かなり昔の話ですが、作曲家の坂本龍一さんが、あるインタビューに答え、

「自分に天分は何もない。頭の中から昔聴いた音楽を引っ張り出して、**古い音符を組み合わせているだけ**」

と、言い切っていたような記憶があります。

子どものころから音楽が大好きで、24時間音楽に触れ、そのころからのインプットが曲づくりの源泉になっていたのです。

坂本龍一さんは、さまざまな音楽の音符を頭の中に取り入れた。そして、それらを組み合わせて、新しい表現を生み出しました。

ところが多くの人は、彼のようにたくさんの音符が頭の中に入っているわけではありません。組み合わせのパターンも少ないため、新しいアイデアが生まれません。だからこそ、ダイバーシティが必要です。若者や女性など、**「自分の頭の中にはない音符」を持っている人たちに「仕事を任せたほうがいい」**のです。

いろいろな音符を持っている人たちが必要

子どものころからインプットしてきた人

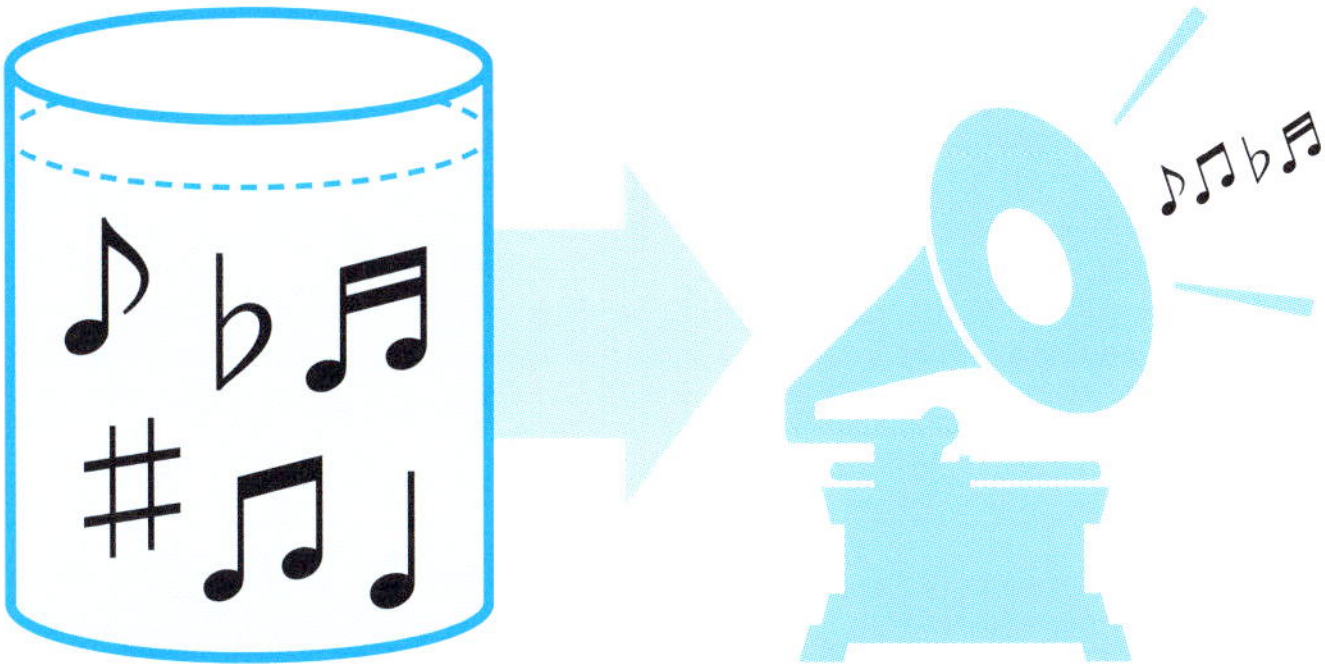

さまざまな音符を取り出して新しい表現を生み出す

普通の人

ダイバーシティで音符を寄せ集めて新しい表現を生み出す

世代ごとに「違う音符」を持っている

2009年夏のことです。私は20代の社員から、こんな提案を受けました。

「インターネットでのPR企画を考えています。出口さんに多摩川の河川敷に降りていただき、3枚の紙皿に1000万円、2000万円、3000万円と、死亡時の受取金額を書いてもらいます。紙皿には金額を書いた紙と一緒に、3種類の豆を入れておきます。これを河川敷に置いておけばハトが飛んでくるでしょう？　最初にどの紙皿の豆を食べるかで保険を決めます」

私は彼の話を聞いて「おまえは、アホか！」と声を上げました。

「ふざけるな。ライフネット生命のマニフェストをもう一度読んで、出直してこい！」

するとこの20代社員は、平然とこう言い返しました。

「そんな発想しかできないから、60代はダメなんです。20代、30代がこの企画を見たら、『こんなことにチャレンジする生命保険会社は、すごい』って考えるに決まっています」

彼は「自信がなければ、こんな企画は提案しない」と力説します。そこで私は、彼の提案に乗ることにしました。

結果は、どうだったか……。

大成功でした！

ライフネット生命のホームページへのアクセスも増え、たくさんのお申し込みをいただくことができたのです。

このとき痛感したのは、**60代に、20代、30代の考えは「わからない」**ということです。「60代

60代に、20代や30代の考えはわからない

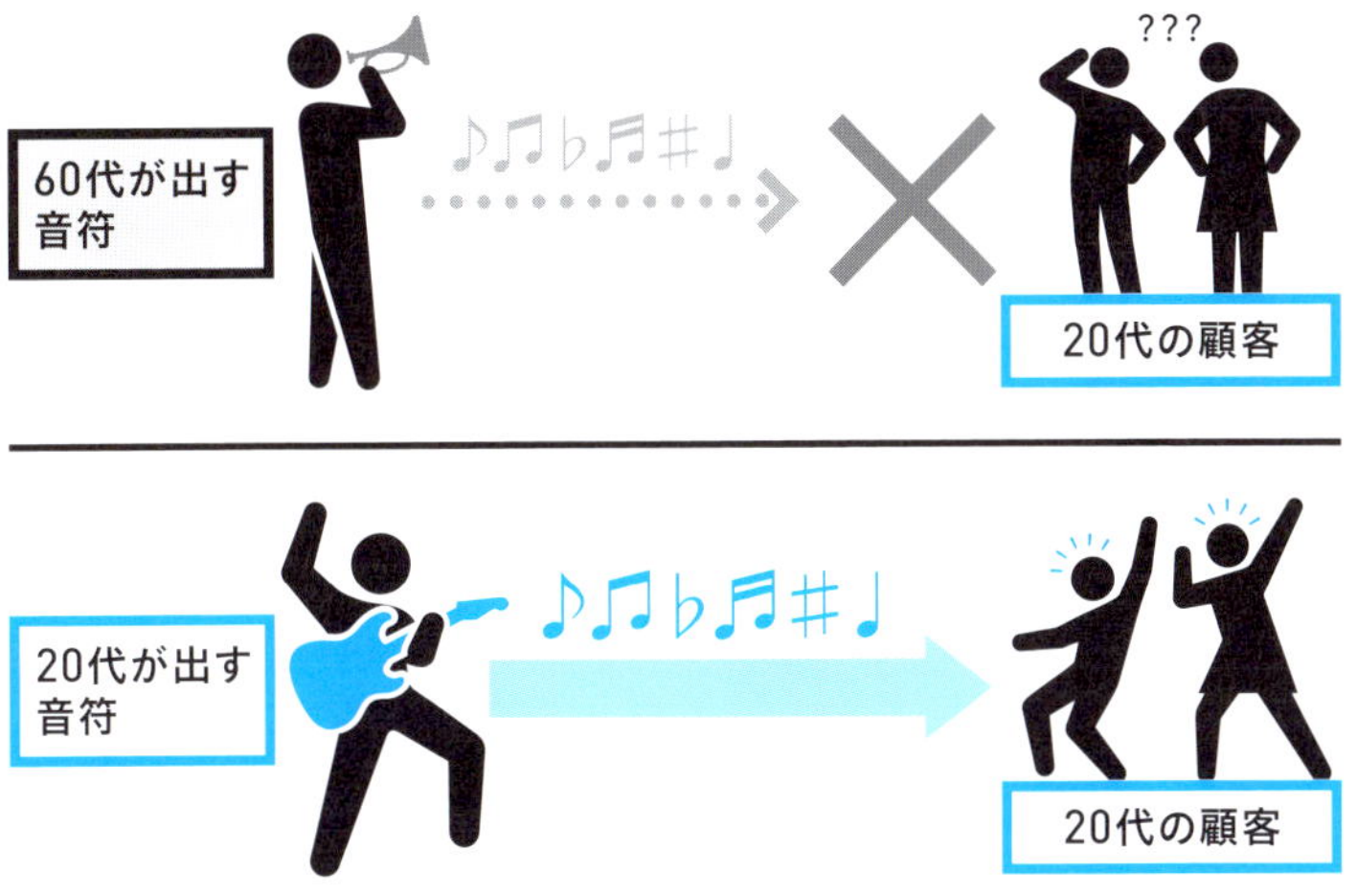
60代が出す
音符
♪♫♭♬♯♩
???
20代の顧客
20代が出す
音符
♪♫♭♬♯♩
20代の顧客

は、20代も30代も経験してきているので、下の世代の考えがわかる」と思いがちですが、そんなことはなかったのです。

　ライフネット生命が「60代をターゲットにした会社」なのであれば、私のほうがいいアイデアが浮かんだでしょう。けれど、20代、30代に訴求するのであれば、20代、30代の社員に任せたほうがいい。なぜなら、**世代ごとに「違う音符」を持っている**からです。

若者や女性など、「自分の頭の中にはない音符」を持っている人たちに、仕事を任せたほうがいい。

覚えておきたい
出口治明からの
ひと言!

23 任せられるから、「できるようになる」

部下の承認欲求を満たすには、「部下を肯定的に評価する」こと

任せる側の効用は、ダイバーシティ。一方で、任される側（部下）のメリットには、私はおもに次の3つがあると考えています。

①存在価値が認められ、やる気が出る

人間には、承認欲求（人に認められたいという感情）があり、承認欲求が満たされると、人はやる気や楽しさを覚えて、元気になります。

「仕事を任される」とは、言い換えると「上司から信頼されている、認められている、リスペクト（尊重）されている」こと。だから、モチベーションが上がります。

部下の承認欲求を満たすには、**「部下を肯定的に評価する」**ことです。簡単にいえば、「褒める」ようにします。

仕事は「60点で合格」なのですから、「できなかった40点」には目をつぶる。「どうして100点が取れないんだ！」と叱りすぎると、部下は萎縮《いしゅく》し、やる気を失います。

人は、**「褒める」と「叱る」の割合が「3：**

承認欲求を満たすためには、肯定的な評価を

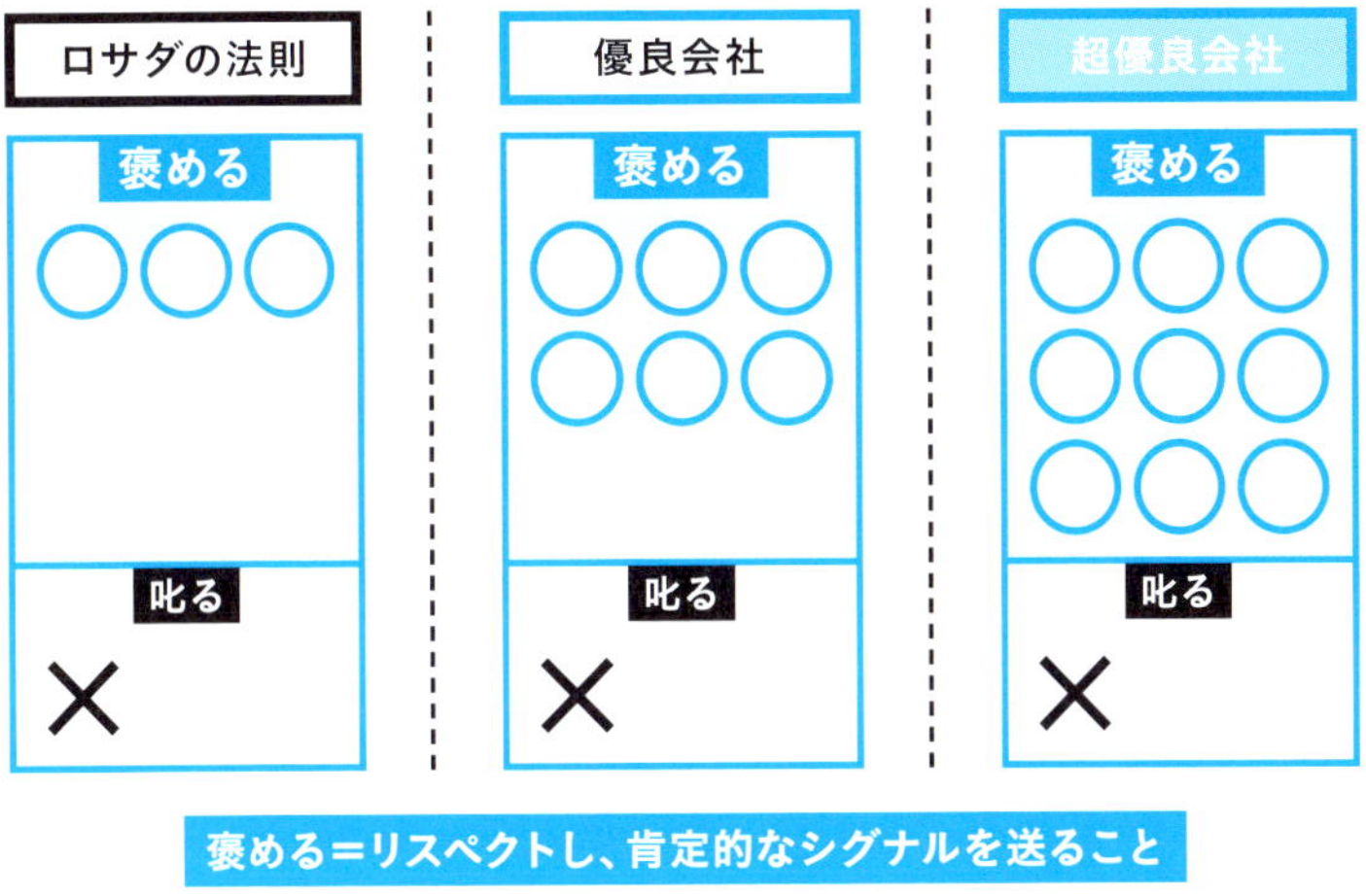

1」でないと、ポジティブな気持ちを保てないと言われています。「ロサダの法則」といって、数学者マルシャル・ロサダが提唱する理論です。

優良会社では「6：1」の割合に、超優良会社では「9：1」の割合で部下（任せた相手）を褒めているそうです。

「不出来な社員は褒められない」という発言は、理解が浅い。「廊下で会ったときににっこり笑う」とか、「やあ元気？」と声をかけるのも、褒めることの一つだと思います。ロサダの法則の本質的な意味は、一人ひとりをリスペクトすること。肯定的なシグナルを送ることです。

任されれば自然と成長し、責任感も身につく

②成長する（視野が広がる）

一段高い仕事にチャレンジすれば、視野が広

がります。

「器が人をつくる」と言われているように、一段高いところに登らされると、「期待に応えようと頑張り、自然と成長していく」ものです。

「できるようになったから、任せる」のではありません、順番が逆です。

「任せるから、できるようになる」わけです。

同様に「少数精鋭」という言葉があります。この言葉は、「精鋭の人を少数集める」といった意味として使われることが多いようですが、私の考えは違います。「少数だから、精鋭にならざるを得ない」のです。

③責任感が身につく

ひとたび仕事を任されたら、権限に対応する責任を負うことになります。

部長から「1週間後の会議で、オレの代わり

任せれば、自然に成長する

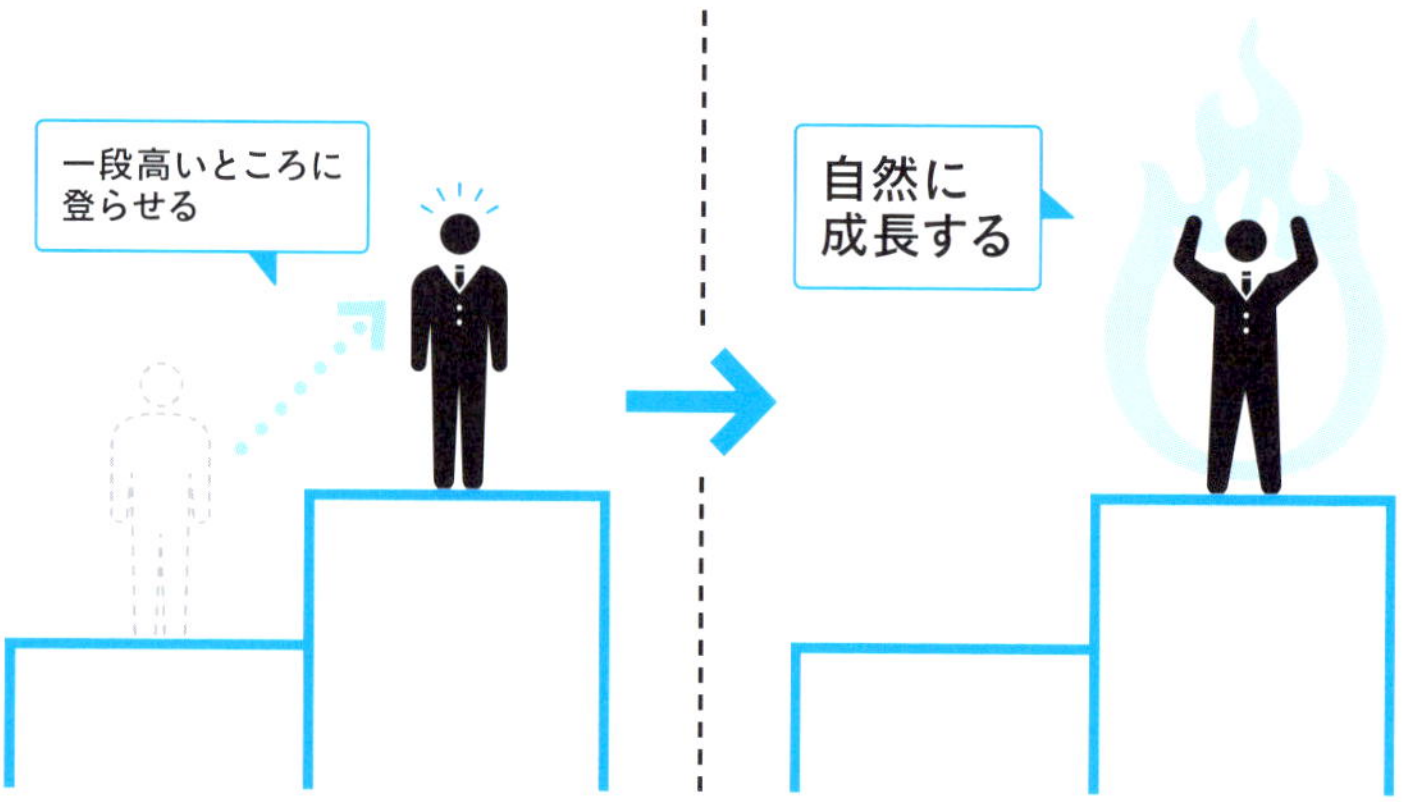

「できるようになったから任せる」のではなく「任せるからできるようになる」

仕事を任されたら、権限に対応する責任を負う

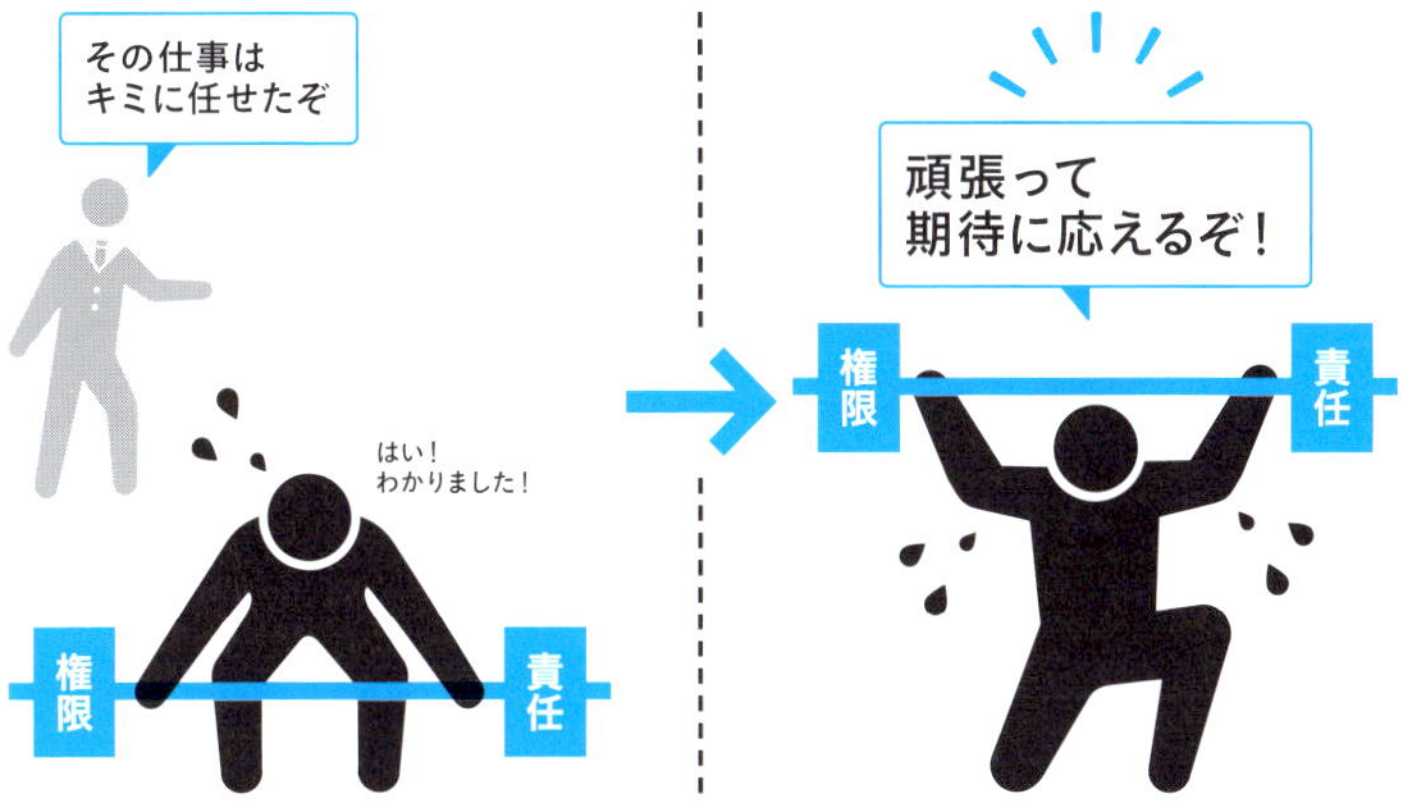

責任を持ってやり通すことで「責任感」が身につく

デキるリーダーになれる
任せ方のPOINT

1. 仕事を任されれば、部下のモチベーションが上がる
2. 一段高いところに登らされると、部下は自然と成長していく
3. 仕事を任されたら部下は責任を負い、やがて責任感も身についていく

に○○○について説明してほしい」と言われたら、責任を持って説明するしかありません。当日「準備できなかったから」との理由で休むわけにはいきません。

権限と責任はセットになっています。任された以上は、責任を持ってやり通すしかありません。**責任感とは「どんなときにも、ベストを尽くす」**ことなのです。

24 「好き嫌い」「怒り」――感情を出しすぎてはいけない

感情を整えるには、体調を整える

人間は感情の動物なので、喜怒哀楽が顔に出るのはしかたがありません。ですが、上司は、できるかぎり**「感情の起伏」を抑えたほうがいい**と思います。

とくに「好き嫌い」と「怒り」は、表に出しすぎないようにしましょう。

人間の脳は「好き嫌い」が激しく、自分の見たいものしか見ない、あるいは、見たいように事実を変換する働きがあるそうです。その結果、自分の趣味嗜好《しこう》を仕事に持ち込んでしまったり、自分と「あうんの呼吸で仕事をできない人」を遠ざけようとします。

ところが、嫌いな人、自分とは合わない人を排除すると、**組織が同質化して、多様性（ダイバーシティ）が失われてしまう**ことになります。

会社は営利を目的としています。たとえ部下の中に「あうんの呼吸で仕事ができない人」がいたとしても、会社の利益のために、その相手の話にきちんと耳を傾けなければなりません。

「感情のコントロール」も重要

1 常に感情が一定

2 感情のメリハリ（笑っているか、怒っているかがすぐわかる）

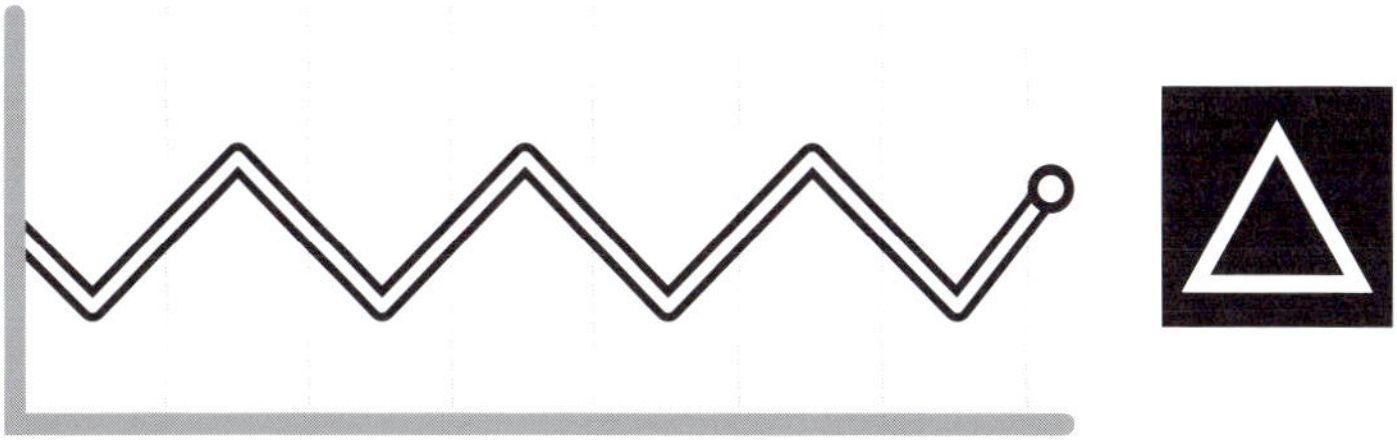

3 感情の起伏が激しい

かくいう私は、好き嫌いの激しい人間です。それでも、「物事に対する先入観は持たない」ほうだと思います。仕事を任せる以上は、どんな部下に対しても心を開いて、「事実を事実として素直に見る」ように心がけています。

「怒り」も、極力、表には出さないようにすべきです。

上司は人事権を持っていますし、「ただそこに座っているだけでも、威圧感を与える」ことがあります。「ロサダの法則」が証明しているように、「怒られて喜ぶ人」はいません。

怒りの感情をコントロールするには、私の経験上、次の2つの方法が効果的です。

①体調を整える

体調が悪いと精神状態も荒れやすいので、よく寝て、よく食べます。

②深呼吸をする

相手から都合の悪いことを言われると、カッとなってすぐに言い返したくなります。そんなときは深呼吸をして「出かかった言葉を飲み込む」のです。深呼吸をすれば、その間に考えを整理できるので、感情的な発言をしないですむでしょう。

どうしても「怒り」が抑えられないときは

何をしても怒りをコントロールできない人は、**「何を考えているのかが、わかりやすい人」「感情がすぐに顔に出る人」**になるという奥の手もあります。日本生命時代の私は、このタイプでした。

当時の私は、部下から「楽勝な上司」と言われていました。なぜ楽勝なのかといえば、感情がすぐに顔に出るからです。

「出口さんは、怒っているか、笑っているかのどちらかしかない。だから、笑っているときに話しかければ、話が早い。怒っているときは、厄《やっ》介《かい》な話は持ちかけない。だから楽勝なんです」

「感情の起伏」を抑えることができないのなら、いっそのこと感情をはっきり出す。「何を考えているのかが、わかりやすい上司」になれば部下も話しかけやすくなると思います。

仕事を任せる以上は、どんな部下に対しても心を開こう！

覚えておきたい
出口治明からのひと言！

感情をコントロールできないなら感情を出す

怒っているとき
怒ってるみたいだから
話しかけないでおこう
嬉しいとき
笑ってるから
話しかけよう！

25 人材のリクルートは、「現場のチーム」に任せる

人事権が現場にあれば、チームワークが良くなる

ライフネット生命では、「チームワークがすべて」だと考えており、社員の採用にあたっては、現場の意見を尊重しています。

たとえば、「生命保険会社で新契約の査定を3年以上行った経験がある方」という一定のスペックを持つ人材の中から一人を選ぶときには、**原則として「配属先のチーム」に選ばせる**ようにしています。

私は、参考程度に「嘘偽りなく、信用できる人物かどうか」「陰《かげ》日向《ひなた》のない人かどうか」などを見るだけです。

人間的に問題がなければ、どの人を採用するかは現場判断に任せています。

CEOやCOOが強い人事権を持っていると、「自分の好みに合う人」や「茶坊主（ゴマすりをする人）」ばかりが集まってしまい、ダイバーシティを根付かせることはできません。

ですので、採用は、CEOやCOOではなく**「現場に任せる」のが基本**です。いろいろな人が

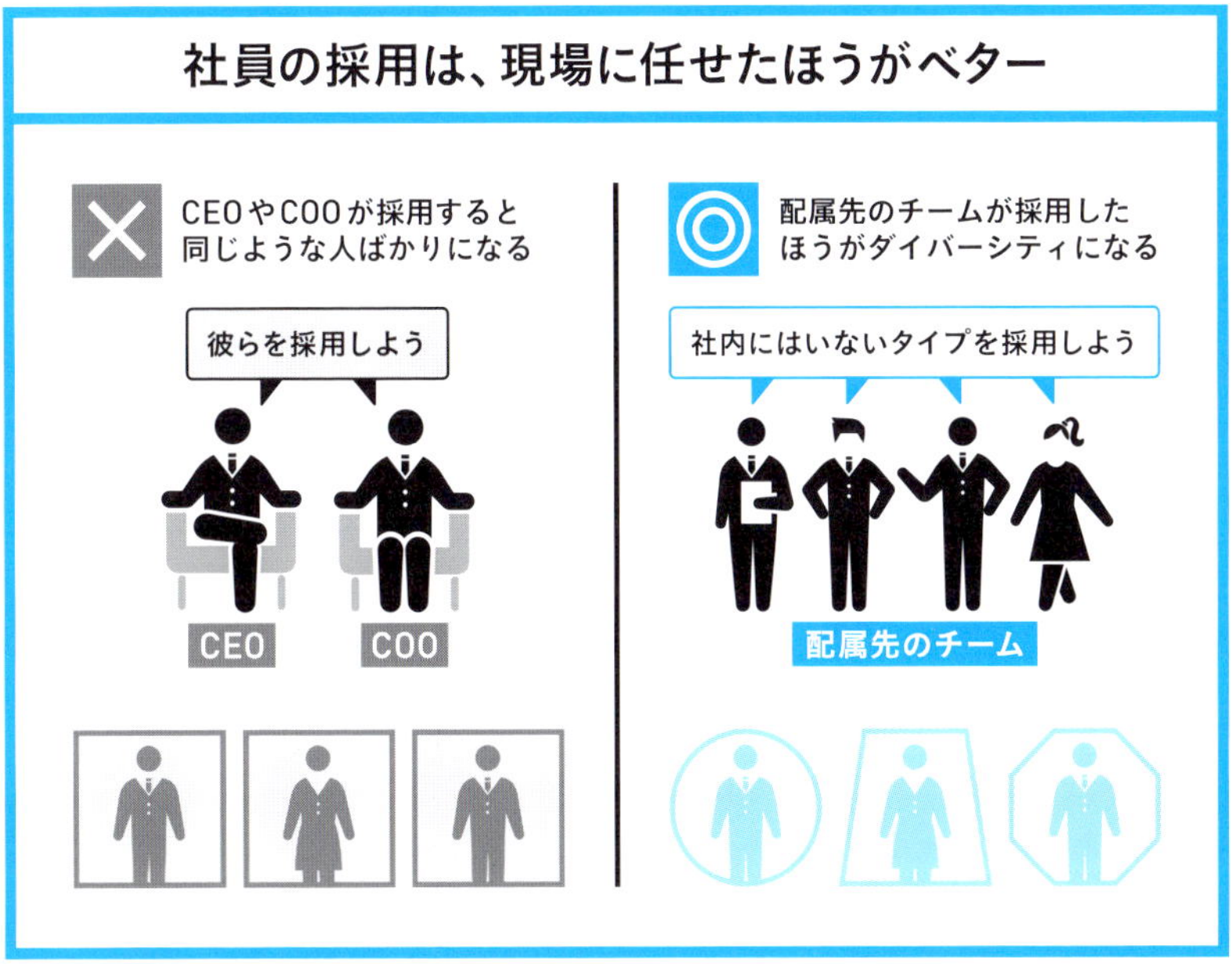
社員の採用は、現場に任せたほうがベター
CEOやCOOが採用すると
同じような人ばかりになる
彼らを採用しよう
CEO
COO
配属先のチームが採用した
ほうがダイバーシティになる
社内にはいないタイプを採用しよう
配属先のチーム

見たほうがいいのです。社員を採用するときは、現場に任せたほうが、チームワークが良くなると思います。

「自分とは正反対の人」は「グループ」で採用する

ベンチャー企業が、「これからダイバーシティを促進しよう！」と思うなら、**「自分と正反対の人」「社内にはいないタイプの人」「異質な人」を採用する**のが近道です。

20代が活躍するベンチャーなら、40代を入れてみる。男性だけの職場なら、女性を入れてみるのもいいと思います。

社内を早く、大きく活性化したいなら、「自分と正反対の人」「社内にはいないタイプの人」「異質な人」を**「グループ」**で採用したほうがいいでしょう。

一人だけでは、戦えません。既存社員に取り込まれてしまう可能性もあります。

会社の規模にもよりますが、できれば、一度に4～5人採用して**「異質な人の集団」**をつくるのです。

たとえば、新聞記事で読んだ話ですが、人材派遣会社の「テンプスタッフ」は、「異質な人の集団」の力で改革を断行した会社のようです。

もともと、テンプスタッフの社員は女性のみ、でした。

創業者の篠原欣子さんは、「女性の集団は、守りは強いけど、攻めは弱い傾向にある」と感じ、1986年から男性社員を採用します。

やがて、既得権を守ろうとする女性社員と、改革を望む男性社員の間で、「戦争」が勃発。篠原さんのもとには、7名の男性社員から、「要求が受け入れられなければ、私たちは辞めます」と記された血判状が届けられたくらいだそうです。

結果的に、同社の改革は成功しました。これは、男性社員を「グループ」で採用し、戦える集団をつくったからです。

もし一人だけ男性社員を採用していたら、その人がどんなに強い人であっても、改革につながることはなかったかもしれません。

デキるリーダーになれる

任せ方のPOINT

1 人材の採用はCEOやCOOではなく現場に任せる

2 「自分と正反対」「社内にはいない」「異質な人」を採用する

3 社内活性化のためには異質な人をグループで採用する

異質なグループが改革を促す

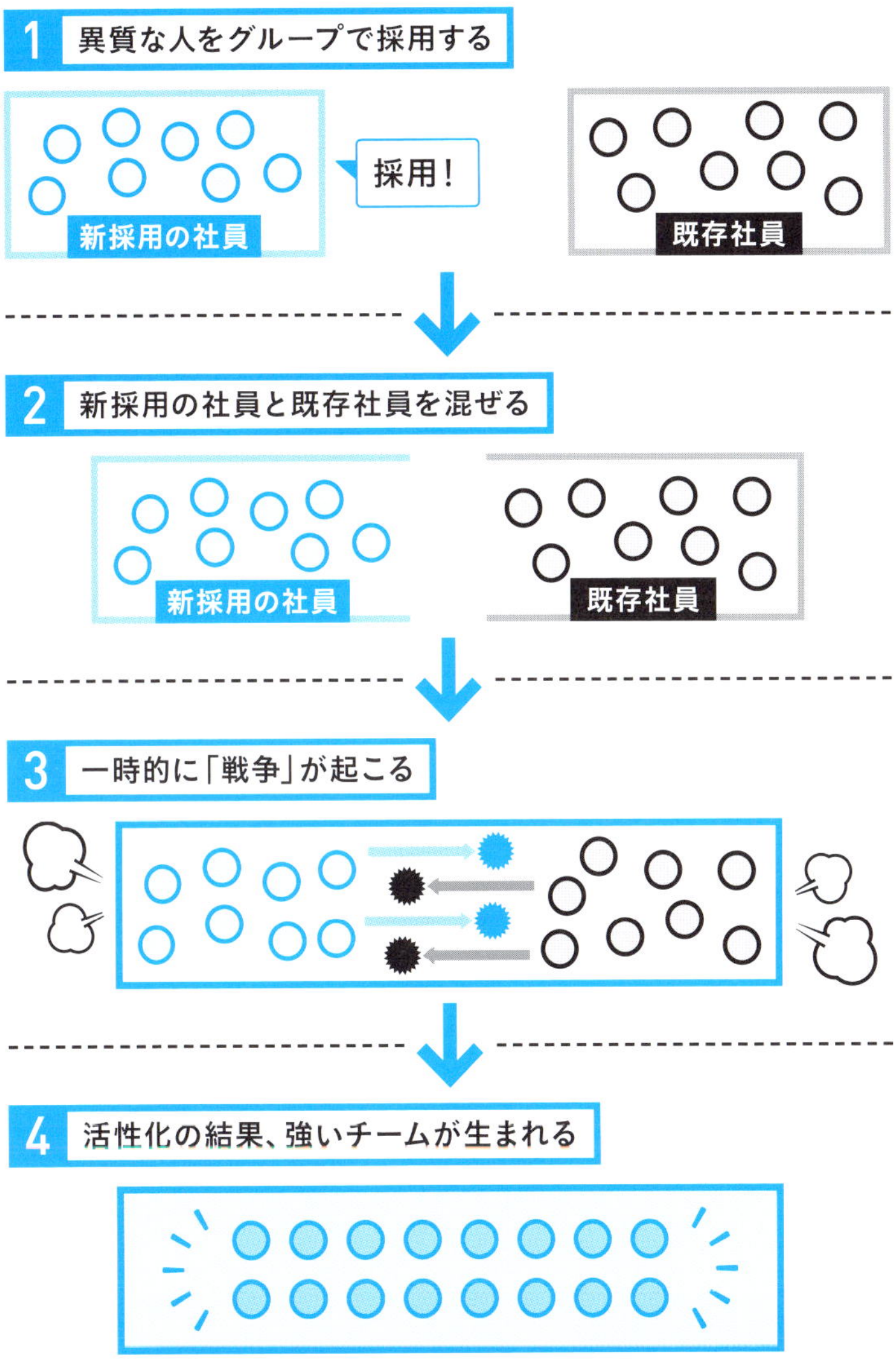

㉖ 餅は餅屋。専門家に任せたほうがいい場合

不得意なことは専門家に任せ、自分は得意なことに専念する

「餅は餅屋」ということわざがあります。「餅は、餅屋がついたものがいちばんうまい。何事にも専門家がいるので、専門家に任せるのがいちばん良い」という意味です。

ベンチャー企業の創業者の中には、「どうやって銀行と交渉していいのかわからない」「銀行交渉が苦手」と悩む人がいます。そんなときは、人材ビジネスのマーケットから中途採用で元銀行員を見つけてくればいいのです。

時間が無限で、いつまでも歳を取らないのであれば、自分で銀行交渉を学ぶこともできます。けれど時間は有限です。苦手なことに費やしていたら、得意なことに割ける時間がなくなります。**経営は「スピードが命」**です。不得意なこと、苦手なことを勉強しているうちに、置き去りにされてしまうでしょう。

仕事や経営のスピードを速めたいなら、**自分の不得意なことは専門家に任せ、自分の時間は「得意なことをやるために使う」**ことが最善だと

思います。

あえて「素人に任せたほうがいい」場合もある

「餅は餅屋だから、専門家に任せたほうがいい」と説明しましたが、例外的に、「あえて、専門家ではない人材に任せたほうがいい」場合があります。それは、**「業界の常識に縛られたくないとき」**や**「消費者の目線が求められるとき」**です。

ライフネット生命の起ち上げの際、私が「若くて、生命保険を知らない人材」（＝岩瀬大輔）を求めたのも、まったく新しい独立系の生命保険会社をつくることが「消費者のメリットになる」と考えたからです。

仕事や経営のスピードを速くしたいなら……

すべての仕事を
自分一人でやろうとする
グラグラ
銀行交渉
マーケティング
開発
営業
ヨロヨロ
ノロノロ
スピードダウン
自分は得意なことに注力し、
それ以外は人に任せる
そっちは
任せたぞ！
マーケティング
営業
開発
銀行交渉
スピードアップ！

人に任せることで、スピードアップが図れる私が勤めていた日本生命から、気心の知れた同僚を連れてくることもできたでしょう。でもそれでは、生命保険の**常識が邪魔をして、大きな飛躍は望めなかった**と思います。

ライフネット生命では「医療保険の請求にかかる医師の診断書」が原則不要です。「診断書を廃止しよう」と提案したのは若手社員です。

２００８年に、医療機関の領収書（明細書）に関する制度が変わりました。診察内容が細かく明記されるようになったため、領収書や明細書を見れば、検査名や診療報酬点数などがわかります。

そのことを知った若手社員は、「こんなに詳しく診察の内容がわかるなら、わざわざ診断書をもらわなくたっていいのでは？」と考え、「診断書をなくしましょう」と言い出したのです。

ライフネット生命が生命保険業界のベテランＯＢ、ＯＧだけの集まりだったら、このような発想は生まれなかったでしょう。

簡易請求を実現し、医師の診断書の提出を原則不要にしたことで診断書の取得費用が不要となり、また、支払いまでの期間も大幅に短縮できるようになりました。

「専門家ではない人」「業界の慣習に縛られない若い人」に任せた結果、消費者に寄り添うアイデアが実現したのです。

経営は「スピードが命」。自分の時間は、「得意なことをやるために使う」ことが最善だ。

覚えておきたい

出口治明からのひと言！

専門家に任せるとき、素人に任せるとき

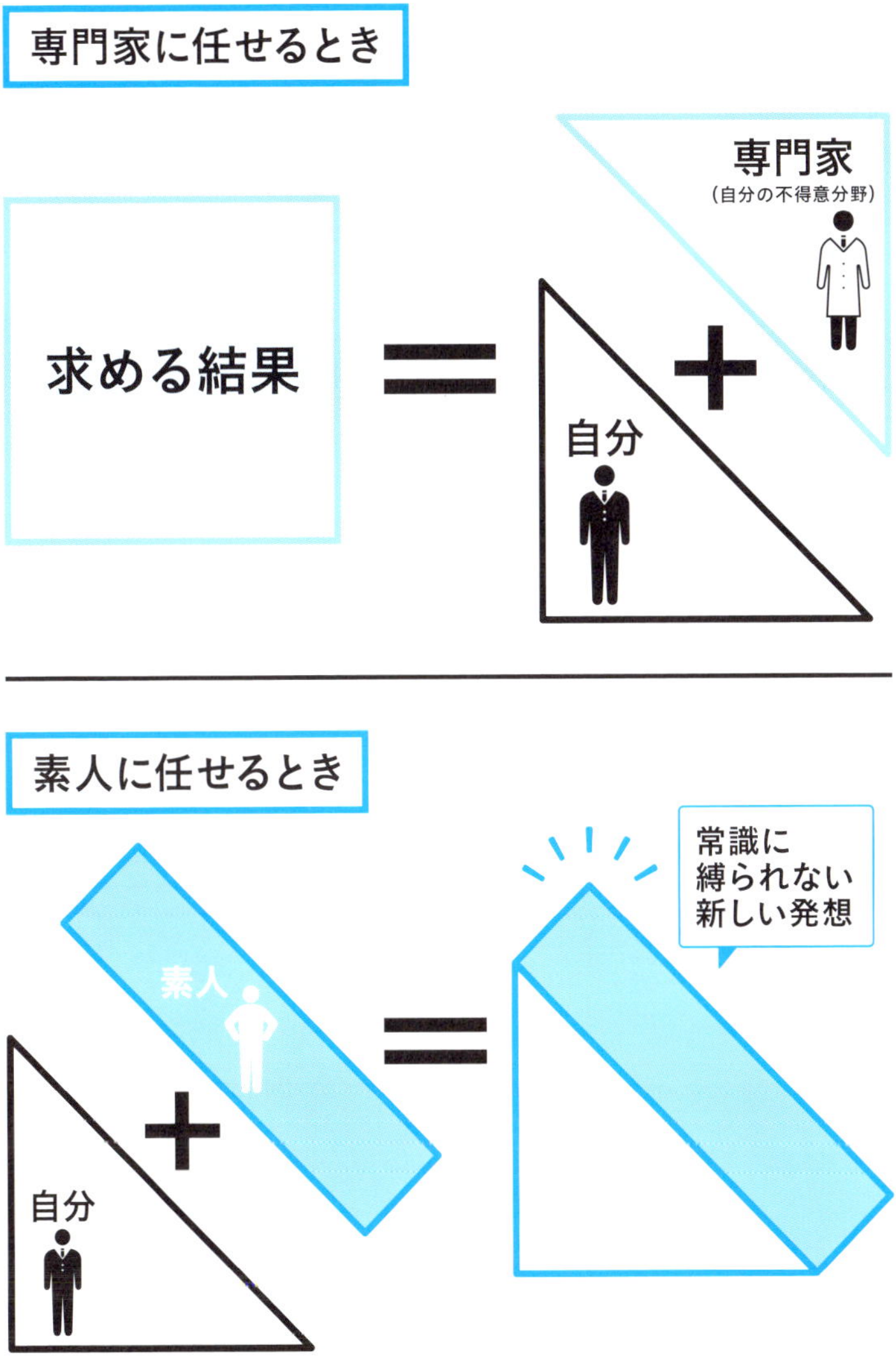

27 自分の「コア・コンピタンス」は残し、それ以外はアウトソーシングする

「自前主義」では時代の変化についていけない

企業は、かつてのように「自前主義」（会社がみずから、業務にかかるすべての資源を所有すること）では成り立たなくなっています。

すべてを自前でまかなおうとすれば、コスト面でも、スピード面でも、社会の動きに追随しきれないからです。

したがって、**アウトソーシングをして、業務の一部を他企業（外部の専門業者）に任せる**ことも選択肢の一つです。

たとえば、アパレルメーカーが、「新しいセーターを売り出そう」と考えたとします。

すると、これまでは「セーターを企画して、デザインを起こして、実際に編《あ》み込んでみて、完成品を売る」といったビジネスラインをすべて自前で行おうとしていたわけです。

自社で新しく設備を導入したり、人材を育成しようとすると、時間とコストがかかります。しかし、ビジネスラインを細かく分けて、不得意分野や未発達分野を外へ依頼すれば、自社の得

自社の「コア・コンピタンス」はアウトソーシングしない

意分野に特化して業務に集中できます。

アウトソーシングをするときは、「ビジネスラインの**どの部分を外部に任せるのか**」を判断する必要があります。

判断基準の一つは、**「コスト」**です。自前で行うよりも、「コスト削減が見込めるのはどこか」を考えます。

もう一つは、**「コア・コンピタンス」。**会社にとって「いちばん付加価値の高いところ」は、アウトソーシングしてはいけません。

ものづくりの会社の場合、付加価値が高いのは、一般に**ビジネスラインの「上流」と「下流」。**セーターの例でいえば、上流の「どのようなセーターを売り出すか」（商品企画）と、下流の「完成品を売る」（営業）は、価値が高い。一方、「中流」のアセンブリ（つくる、組み立てる）は、それほど価値が高くありません。

したがって、自社がもっとも価値を提供できる部分（コア・コンピタンス）は残し、「不得意分野」や、「価値を生み出せない部分」をアウトソーシングするのが基本的な考え方です。

アウトソーシング先は「自社の社員」と同等に扱う

私は、「アウトソーシング先は、社員と同じように扱うべき」だと考えています。

社員の採用試験に面接があるように、アウトソーシング先を決めるときも、先方の社長と、時間をかけて「面談」をする。そして、「信頼関係が築けるかどうか」を確認します。

私なら、社員もアウトソーシング先も「理念を共有できる人を選ぶ」でしょう。突き詰めると、**アウトソーシング先と社員の違いは、「雇用形態」だけ**です。

アウトソーシング先とも理念を共有する

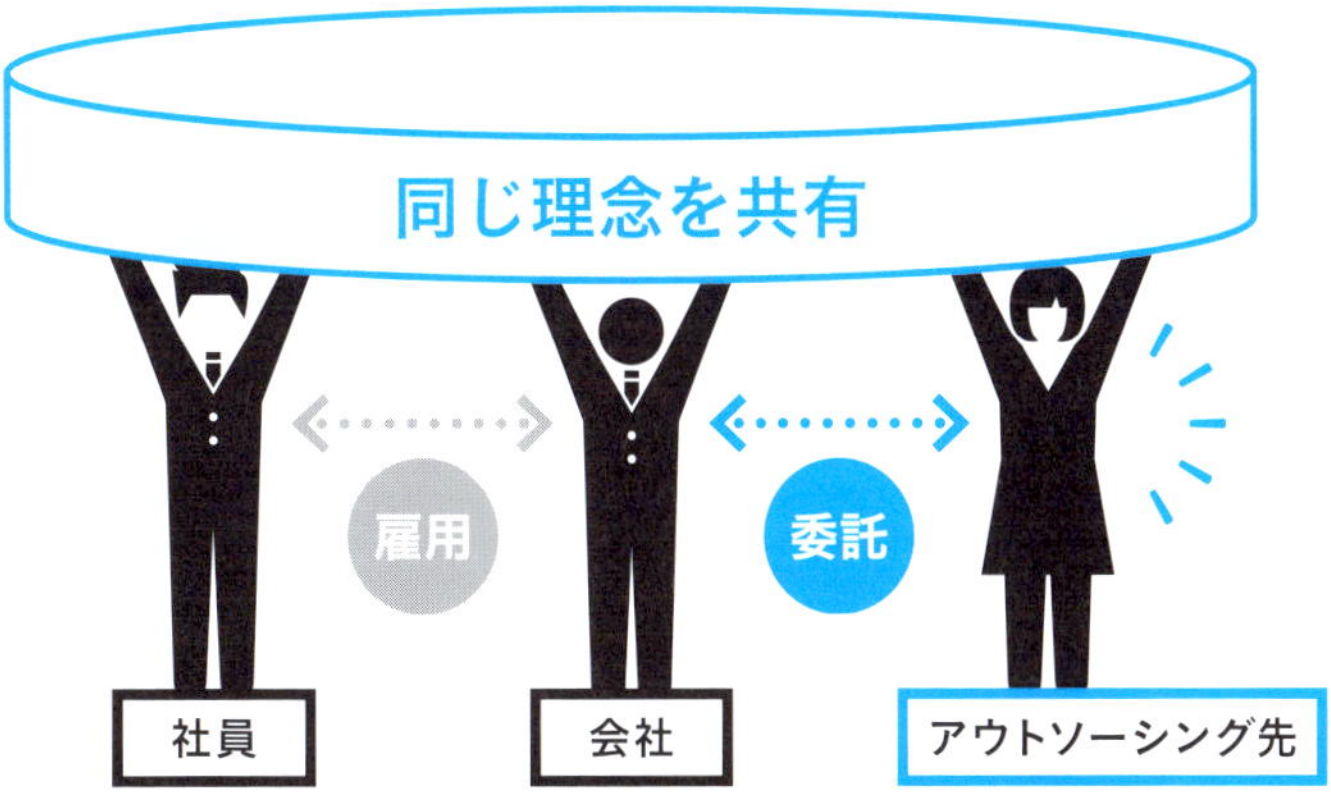

また、アウトソーシング先に仕事を任せるときも、社員と同様にマネジメントはしっかりする。必要に応じて監査をするなど、緊張関係を保つことも必要です。

相手が社員でも、アウトソーシング先でも、いずれにしろ、「自分一人だけではできないこと」を実現するためには、「何を任せるか」、そして「いかに任せるか」がとても大切なのです。

デキるリーダーになれる
任せ方のPOINT

1. 現代の企業は業務の一部を他企業に任せることも必要
2. アウトソーシングの判断基準は「コスト」と「コア・コンピタンス」
3. アウトソーシング先は理念を共有できる相手を選ぶ

第4章 この上司力で「チーム の実力」を一気に上げる まとめ

1. 「自分の頭の中にはない音符」を持つ人たちに仕事を任せて、ダイバーシティを実現する

2. 仕事を任された部下は、承認欲求が満たされて「やる気が出て、成長し、責任感が身につく」

3. 上司は「感情の起伏」を抑え、「好き嫌い」と「怒り」は表に出しすぎないこと

4. 社員を採用するときは、「現場に任せる」ほうが、チームワークが良くなる

5. 社内を早く、大きく活性化したいなら、「異質な人」を「グループ」で採用しよう

6. 自分の不得意なことは専門家に任せ、自分の時間は「得意なことをやるために使う」

7. アウトソーシングをするときは、「コスト」と「コア・コンピタンス」を判断基準にする

おわりに

性別、年齢、国籍を超えて、さまざまな人たちの意見に耳を傾けていこう

私が「管理者として今でもかなわない」と思う人がいます。日本生命時代の元専務、森口昌司さんです。この人は、とにかくスケールが大きく、ゴルフと麻雀とお酒が大好きで、はちゃめちゃな上司でした（笑）。

日中は、いつもうつらうつらしていましたが、反面、仕事はめちゃめちゃできる上司でした。とくに、「上司としての感覚」に長《た》けていました。

「課長会」に出席した、〝課長代理〟が何かを発言したとします。すると森口さんは「それは、課長の意見か、おまえ個人の意見か、どっちや。課長の意見をきちんと聞いてくるか、『おまえに一任する』という委任状がないかぎり、代理とは言わない。おまえ個人の意見なら、黙っていろ！」と一喝するのです（これは、権限の感覚として正しい）。

私はまだ、森口さんの域には達していません。ライフネット生命を「100年後に世界一の保険会社」にするために、これからも**「性別、年齢、国籍を超えて、さまざまな人たちの意見に耳を傾けていこう」**と思っています。

60代の私ではカバーできない**「多様性（ダイバーシティ）」を確保することでしか、グローバル社会に対応することはできない**からです。

拙い本ですが、最後まで読んでいただきありがとうございました。

〔著者紹介〕
出口　治明（でぐち　はるあき）
1948年、三重県生まれ。ライフネット生命保険株式会社・代表取締役会長兼CEO。
京都大学法学部を卒業後、72年、日本生命保険相互会社入社。企画部や財務企画部にて経営企画を担当。生命保険協会の初代財務企画専門委員会委員長として、金融制度改革・保険業法の改正に従事。ロンドン現地法人社長、国際業務部長などを経て同社を退職。その後、東京大学総長室アドバイザー、早稲田大学大学院講師などを務める。2006年にネットライフ企画株式会社設立（のちのライフネット生命保険株式会社）、代表取締役社長に就任。ライフネット生命保険を08年5月に開業し、12年3月15日に東証マザーズ上場。13年6月より現職。著書に『本の「使い方」』(KADOKAWA)、『生命保険入門』(岩波書店)などがある。

連絡先：hal.deguchi.d@gmail.com
ツイッター：@p_hal

図解
部下を持ったら必ず読む
「任せ方」の教科書

（検印省略）

2016年1月15日　第1刷発行
2017年4月10日　第2刷発行

著　者　出口　治明（でぐち　はるあき）
発行者　川金　正法

発　行　株式会社KADOKAWA
〒102-8177　東京都千代田区富士見2-13-3
03-3238-8521（カスタマーサポート）
http://www.kadokawa.co.jp/

落丁・乱丁本はご面倒でも、下記KADOKAWA読者係にお送りください。

送料は小社負担でお取り替えいたします。

古書店で購入したものについては、お取り替えできません。

電話049-259-1100（9：00～17：00／土日、祝日、年末年始を除く）

〒354-0041　埼玉県入間郡三芳町藤久保550-1

DTP／クロロス　印刷／加藤文明社　製本／越後堂製本

ISBN978-4-04-601438-2　C0030